einfach erklärt

Manfred Theisen

SOCIAL MEDIA – CYBERMOBBING – Deine Daten im Web

Loewe

FSC
www.fsc.org
MIX
Papier aus verantwortungsvollen Quellen
FSC® C109273

ISBN 978-3-7432-1015-8
1. Auflage 2022

Illustrationen: Ole Häntzschel
Umschlaggestaltung: Michael Dietrich
Printed in the EU

www.loewe-verlag.de

Inhalt

MEDIEN, MEDIEN ÜBER ALLES!

„Leg doch mal das Handy weg!" Diesen Satz hören Jugendliche häufig und können ihn vermutlich ebenso häufig zu ihren Eltern sagen. Nutzen wir wirklich so oft Medien, und wenn ja, warum?

Wozu braucht man ein Mobiltelefon?

Was hat fünf Buchstaben und nervt? Antwort: das Handy! Das sagen jedenfalls viele Eltern. Dabei nutzen die meisten davon es selbst häufig. Sprechen wir von „Handy", meinen wir heutzutage eigentlich „Smartphone". Denn gerade in Sachen Mobiltelefon hat sich in den letzten Jahren viel verändert. Es ist nur ein Medium und dennoch hält es uns in Atem, lässt uns ständig tippen, einsprechen, lesen, Serien gucken, sorgt für Familienstreit, und ab und an fällt es ins Wasser.

App ist die Abkürzung für das englische „application", was im Deutschen so viel wie „Anwendung" bedeutet.

Warum haben so viele ein Handy? Weil es handlich ist und multifunktional. Früher brauchte man noch extra Kameras, um Fotos zu machen, Karten und Stadtpläne, um ans Ziel zu kommen, Telefonzellen, um zu telefonieren, und jeder musste selbst entscheiden, ob der blaue Pulli zur Jeans passt oder nicht. Heute sagen uns **Apps** wie combine, ob man geschmacklich total danebenliegt. Und Tanzvideos produzieren wir ganz einfach über TikTok auf dem Smartphone.

Die Welt passt ins Handy und das Handy in die Hosentasche.

Dass dieser Satz stimmt, ist allerdings längst nicht mehr selbstverständlich. Denn die Größe unserer Handys unterliegt Trends. Es gibt Smartphones mit über sechs Zoll, die sich in der Größe kaum mehr von Tablets unterscheiden und nicht mehr in unsere Hosentasche passen.

Waren Mobiltelefone schon immer so smart?

So wie das Auto dafür gesorgt hat, dass Waren schneller transportiert werden konnten und gleichzeitig unsere Landschaft immer mehr asphaltierten Straßen weichen musste, hat das Handy auch viel verändert. Wurden früher noch vor lauter Langeweile in Bussen Sitze bemalt, fehlt den Fahrgästen heute schlicht die Zeit, um auf solche dummen Gedanken zu kommen. Denn wir schauen ständig süchtig auf winzige Bildschirme, bekommen jederzeit jede Information und müssen stets erreichbar sein.

SMS heißt ausgeschrieben „Short Message Service", englisch für „Kurznachrichtendienst".

Das erste Handy kam 1983 von der Firma Motorola auf den Markt. Damit konnte der Nutzer lediglich telefonieren, aber es kostete 3.995 Dollar. Die allererste **SMS** wurde 1992 verschickt, von einem PC an ein Mobiltelefon. Die ersten E-Mails auf einem Handy konnte man 1996 mit einem Gerät von Nokia empfangen. Und das erste Handy mit Kamera gab es 1999 von der Firma Toshiba zu kaufen.

Scrollen kommt vom englischen „scrolling", was übersetzt so viel wie „Bildlauf" heißt.

Der kleine Kackhaufen Pou führt seit 2012 ein Leben auf dem Smartphone. Er muss gefüttert und gut behandelt werden.

Seit dem ersten iPhone 2007 sprechen wir von „Smartphones". Der Nutzer kann seither bequem **scrollen**, darf im Web browsen und Fotos bearbeiten. Es gibt Apps für alle denkbaren Bereiche und Funktionen. Die Anzahl der verfügbaren Apps wächst täglich, und sie werden ständig weiterentwickelt. Heute gibt es mehr Handys als Menschen in Deutschland und das sind immerhin etwa 84 Millionen.

Warum heißt das Mobiltelefon Handy?

In den USA nennen sich Handys „cellphones“ und in England „mobiles“. Spricht man in den USA oder in Großbritannien von „Handy“, führt das meist zu großem Unverständnis. Das mag manche überraschen, denn „Handy“ klingt doch so englisch! Wie kam es zu dem deutschen Begriff Handy?

Englisch: mobile phone
Amerikanisch: cellphone
Deutsch: Handy

Eine mögliche Erklärung ist diese: 1988 kaufte die Deutsche Telekom 10.000 Stück des Telefongeräts „Alcatel Poctel“, das in England als „Handheld“ (dt. etwa „in der Hand gehalten“) bezeichnet wurde. In einer Sitzung der Telekom soll jemand das Wort Handy gemurmelt haben. Warum aber hat die Telekom dann ihr erstes Handy „Pocky“ genannt?

Andere erklären den Begriff damit: Die US-Firma Motorola hatte 1940 ein Funkgerät produziert und nannte es Handie-Talkie. Das klingt zwar ähnlich wie Handy, aber warum ist dann der Begriff „Handy“ erst gut 40 Jahre später nach Deutschland geschwappt?

Ging der Trend der ersten Handys noch zur immer kleiner werdenden Größe, gilt heute wieder die Devise „Je größer, desto besser“. Oder es geht direkt in Richtung Aufklappen.

Keiner weiß, warum Handys „Handys“ heißen, selbst Sprachforscher können es nicht mit Gewissheit sagen. Vielleicht kommt es von dem englischen Adjektiv „handy“, was „handlich“ heißt.

Was sind Medien?

Das Smartphone ist nur eines von vielen Medien wie Tablets, Buch, PC, Radio, Zeitungen oder Fernsehen. Über ein Medium werden Informationen weitergegeben. Selbst die Tafel in der Klasse ist ein Medium. Der Begriff „Medium" bedeutet so viel wie „Vermittler" von Inhalten. In diesem Zusammenhang wird auch oft von „Massenmedien" gesprochen. Das sind Medien, die sich an viele Menschen richten, z. B. Zeitungen, Radio, Fernsehen und Internet.

MEDIUM =
VERMITTLER zwischen
SENDER
und **EMPFÄNGER**

Obwohl Handys ihre Pubertät hinter sich haben, gehören sie zu den „Neuen Medien", ebenso wie Tablet, PC, Konsole und Laptop. Sie unterscheiden sich von den „alten Medien" (Druck- oder Printmedien wie Zeitung, Zeitschrift, Buch und Plakat sowie Radio oder TV) nicht nur dadurch, dass sie sich erst zum Ende des 20. Jahrhunderts verbreitet haben. Nein, sie bieten dem Nutzer überdies einen direkten Zugang zum Internet, das etwa zur gleichen Zeit populär wurde. Somit können sie auch interaktiv genutzt werden: Du kannst eigene Beiträge veröffentlichen und mit anderen Nutzern in Kontakt treten. Doch auch die alten Medien wie der Fernseher bieten heute den Zugang zum WWW, z. B. zu YouTube, Netflix und vielen mehr.

Die Abkürzung **WWW** steht für **World Wide Web**, was übersetzt „weltweites Netz" heißt. Das WWW ist ein Teil des Internets, auch wenn die Begriffe oft gleichbedeutend verwendet werden, weil das WWW am häufigsten genutzt wird. Mit dem Browser bewegt man sich durchs WWW und kann dort verschiedene Internetseiten aufrufen.

Haben alle deutschen Jugendlichen ein Smartphone?

Fast alle. Drei von vier Jugendlichen ab zehn Jahren haben ein Smartphone oder Handy. Spätestens ab dem 14. Lebensjahr haben so gut wie alle (96 %) eins. Das Alter, in dem Kinder ihr erstes Smartphone bekommen, sinkt immer weiter. Obwohl der Präsident der Kinder- und Jugendärzte, Dr. Thomas Fischbach, dazu geraten hat, dass Kinder unter elf Jahren kein Handy haben sollten. Er sieht einen Zusammenhang zwischen der frühen Handynutzung und auftretenden Konzentrationsproblemen:

> Je höher der Medienkonsum, desto schwächer die Leistung in der Schule.
>
> *Dr. Thomas Fischbach, Präsident der Kinder- und Jugendärzte*

Aber auf ihn scheinen nicht viele Eltern zu hören. Sicher ist: Wer besser in der Schule werden will, der sollte weniger am Handy hängen. Es lenkt ab und erschwert die Konzentration auf längere Texte.

Smartphone heißt übersetzt so viel wie „schlaues Telefon". Es ist ein Handy mit vielen Zusatzfunktionen, quasi ein Computer im Kleinformat. Abgesehen vom Telefonieren und Nachrichtenschreiben, kann man mit dem Smartphone im Internet surfen, Fotos und Videos erstellen und Musik abspielen. Durch Apps erweitert man seine Funktionen. Smartphones sind praktisch, allerdings können sie schnell zur Kostenfalle werden.

Welche Medien werden am häufigsten genutzt?

94 % der Jugendlichen zwischen zwölf und 19 Jahren besitzt ein Smartphone, rund drei von vieren einen PC oder Laptop, und etwa jeder zweite hat auch einen Fernseher im Zimmer. Wearables wie Smartwatches oder Fitness-Armbänder, die direkt am Körper getragen werden, besitzen etwa ein Viertel von ihnen, und einen eigenen **Smartspeaker** haben rund 14 %.

Ein **Smartspeaker** ist ein Lautsprecher, der mit dem Internet verbunden ist. In ihm ist ein intelligenter persönlicher Assistent eingebaut, deshalb lässt er sich per Sprache bedienen.

Auf die Frage, welches Angebot Jugendliche im Netz besonders lieben, sind sich alle einig: YouTube. Darauf folgen in kurzen Abständen Instagram und WhatsApp.

Bücher lesen erfreut sich wieder größerer Beliebtheit und nimmt laut neuesten Untersuchungen im Durchschnitt 74 Minuten pro Tag in Anspruch. Dabei greifen Mädchen deutlich öfter (42 %) regelmäßig zum Buch als Jungen (28 %). Mit zunehmendem Alter nimmt die Lesefreudigkeit aber merklich ab.

Ein Smartspeaker

Ihre eigenen Fähigkeiten im Umgang mit digitalen Medien schätzen Jugendliche als gut bis sehr gut ein. Viele geben allerdings auch an, schon einmal problematische Erfahrungen mit Online-Medien gemacht zu haben. Fast 13 % aller Jugendlichen haben selbst Cybermobbing erfahren und über 50 % von ihnen schon einmal Hasskommentare (Hate Speech) im Internet gelesen.

„Broadcast Yourself" – Was bedeutet das?

Was Smartphone, Tablet und PC auszeichnet, ist nicht nur die Chance, sich über das Internet Informationen aus aller Welt zu beschaffen, sondern sich als User in einem Massenmedium zu beteiligen. Die 2005 angetretene Videoplattform YouTube hat es mit dem Werbespruch „Broadcast Yourself" auf den Punkt gebracht. Direkt übersetzt heißt der Satz „Sende dich".

BROADCAST YOURSELF

= SENDE DICH

Gemeint ist damit, dass seit YouTube jeder seine eigene Show im Netz veranstalten kann, sein Let's Play, seine Beautytipps oder sein Reaction Video, und ein Star werden kann. Auch auf TikTok, Twitch und Instagram geht das.

Ich bin ein Star!

Ein „Let's Play" (übersetzt: „Lasst uns spielen") ist übrigens ein Video, in dem sich Gamer selbst beim Spielen filmen und kommentieren. Fans nutzen es, um ein Spiel besser zu verstehen, andere sehen es sich einfach nur nebenher an oder nutzen es als Einschlafhilfe. Solche Videos machen etwa 15 % aller Beiträge auf YouTube aus. In „Reaction Videos" filmen sich YouTuber dabei, wie sie andere Beiträge aus dem Internet ansehen und kommentieren.

Soziale Netzwerke wie YouTube, Instagram oder Facebook sind Online-Plattformen, auf denen viele Menschen miteinander kommunizieren, Kontakte knüpfen und sich durch Texte und Bilder austauschen können. Die Nutzer sozialer Netzwerke legen dazu eigene Nutzerprofile an.

Wer sich im Internet bewegt und dort etwas nutzt, z. B. liest, chattet oder spielt, wird als Nutzer bezeichnet beziehungsweise als **User**.

YouTube zählt zu den sozialen Netzwerken.

Auf YouTube können alle ihre Meinung äußern. Besonderer Beliebtheit erfreuen sich auch Beiträge zum Thema Beauty und Kosmetik.

Zählt die eigene Meinung noch?

Ja, das tut sie. Aber man ist nicht die einzige Person, die eine Meinung hat und sie ausdrücken kann. Vor YouTube, also vor 2005, war es schwierig, die eigene Meinung in einem Massenmedium zu präsentieren. Wer Menschenmassen erreichen wollte, musste es ins Fernsehen oder Radio schaffen. Oder einen Journalisten finden, der sie für so wertvoll hielt, dass sie in der Zeitung abgedruckt wurde.

Heute können alle ihre Meinung über das Netz, über Facebook, TikTok, Instagram, Twitter oder YouTube in die Welt hinaussenden.

Ist das Kätzchen nicht süß?

Das nutzen viele Politikerinnen und Politiker, Prominente und normale Leute. Der Vorteil der technischen Möglichkeit: Jeder kann in der Öffentlichkeit des Internets den eigenen Standpunkt klarmachen.

> Eine Lüge ist bereits dreimal um die Erde gelaufen, ehe sich die Wahrheit die Schuhe anzieht.
>
> *Mark Twain (1835–1910)*

Doch es gibt auch zwei Nachteile:
Wer hört dem seriösen Redner noch zu,
wenn das Kätzchen im Katzenvideo viel süßer ist? Und wer kontrolliert die Lügen im Netz, wenn kein Journalist dazwischengeschaltet ist?

Warum lieber gebraucht als neu?

Medien werden irgendwann alt. Früher konnten sie dann für einen anderen Zweck genutzt werden: Der Fisch wurde in die alte Tageszeitung eingewickelt, oder man putzte sich damit den Po ab. Aber wohin mit einem alten Smartphone?

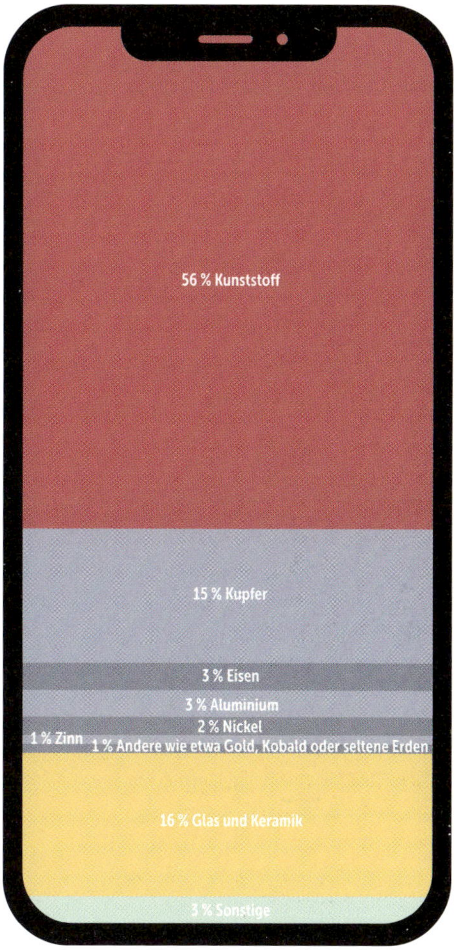

60 Rohstoffe sind etwa im Smartphone verarbeitet, darunter wertvolle Metalle wie Tantal (Coltan) in den Mikrokondensatoren oder Kupfer, Silber, Gold, Beryllium, Platin, Indium und Gallium. Überall auf der Welt müssen dafür Menschen häufig unter schwierigen Bedingungen arbeiten, und Regenwald wird für unsere Handys abgeholzt.

Gut ist: Einige Metalle und das Erz Coltan können wiederverwertet werden. Aber am besten ist, wir kaufen uns ein gebrauchtes Handy, verkaufen das alte oder lassen es recyclen. Wir sollten es also nicht in der Schublade versauern lassen, sonst werden noch mehr Bäume für neue Handys abgeholzt.

Ältere Smartphones verlangen häufig nach **Updates** (Aktualisierungen), damit du immer auf dem neuesten technischen Stand bist. Aber manchmal haben Updates auch zu große Datenvolumen, die dein Rechner oder dein Smartphone nicht mehr packt. Deshalb informier dich vor der Installation.

Schöne neue Medienwelt

Unsere Welt ist eine Welt der Medien. Selbst bis in die letzten Winkel des Planeten sind Google, Apple, Samsung und Microsoft vorgedrungen. Über das Netz sind alle miteinander verbunden. Noch nie war es so leicht für uns, an Informationen zu gelangen, und noch nie waren wir so überfordert von der Fülle an zugänglichen Informationen. Die Medien herrschen über die Welt.

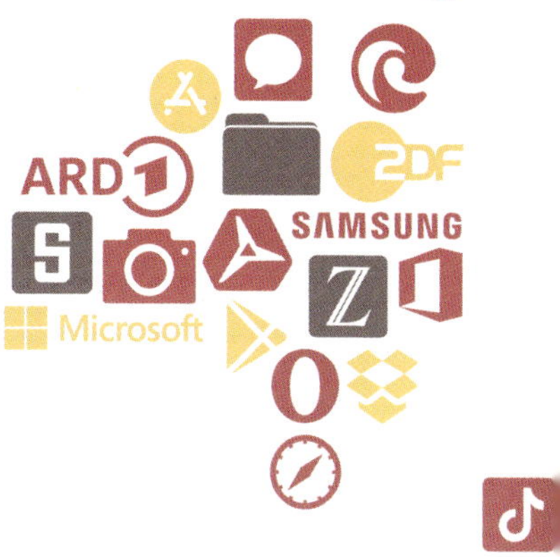

WIE RECHERCHIERT MAN FÜR EIN REFERAT?

Der Lehrer erwartet ein Referat zu einem bestimmten Thema. Dafür muss man natürlich recherchieren und wissenswerte Fakten sammeln. Wie aber kommt man an die passenden Informationen? Woher weiß man, ob sie auch wirklich stimmen? Und welchen Quellen kann man vertrauen?

Was bringt Wikipedia?

Wer googelt, stößt sogleich auf Wikipedia (seit 2001), ein umfangreiches Online-Lexikon. In dem sozialen Netzwerk kann jeder „schnell" (so die Übersetzung des hawaiianischen Wortes „wiki") Einträge lesen, bearbeiten und eigene erstellen. Ein **Wiki** ist ein Internetangebot, an dem jeder mitwirken kann. Man kann auch Bilder und Filme einfügen.

> „wiki wiki" (hawaiianisch) = „schnell" (deutsch)

Es gibt in Wikipedia 24 Millionen Artikel in 280 Sprachen. In Deutschland sind 1,6 Millionen Begriffe eingestellt. In der deutschen Pressestelle von Wikipedia arbeiten rund 60 Mitarbeiter. Die Plattform finanziert sich aus Spenden.

Wikipedia ist ein Online-Nachschlagewerk.

Auch der deutsche Brockhaus ist ein Nachschlagewerk, nur verstaubt er meist unbeachtet in Buchform in der Bibliothek. Was unfair ist, denn bei Brockhaus arbeiten ausgebildete Redakteure an den Artikeln.
Wikipedia hingegen wird von uns allen bearbeitet. Was dazu führt, dass den Wikipedia-Einträgen nicht immer zu trauen ist. Wichtig für Schüler sind jedoch die angegebenen Links. Dort können jene Texte und Videos eingesehen werden, die für den Eintrag als Quelle dienen.

Ist schnell geklickt schon halb gewonnen?

Natürlich nicht. Wer googelt, der findet, und zwar Links. Unter dem fett gedruckten Überschriftenlink gibt es in den Suchergebnissen der Suchmaschinen wie Google, DuckDuckGo oder Ecosia immer den sogenannten **Snippet** (englisch für „Schnipsel"). Dieser beinhaltet Zeilen zum Inhalt der verlinkten Webseite, also eine Art Vorschau.

Der **Snippet** gibt einen ersten Einblick in den folgenden Artikel.

Übrigens: In einer Zeitung nennen sich solche Snippets „Anreißer". Hier wird auf der ersten Seite angerissen, was später im Artikel steht. Auch in einer Zeitschrift gibt es im Inhaltsverzeichnis einen kurzen Anriss.

Eine **Website** befindet sich im WWW (= World Wide Web). Unter einer Website versteht man die Gesamtheit aller Seiten eines Internetangebots.

Manchmal verspricht der Snippet mehr, als der Artikel hält. Schließlich sollen Link-Überschrift und Snippet dazu beitragen, dass der Link vom User angeklickt wird. Suchmaschinen wie Google erstellen automatisch Snippets. Dabei gibt es grundsätzlich zwei verschiedene Arten: jene Snippets mit Titel, kurzer Beschreibung und URL (Website-Adresse) oder Rich Snippets, die noch angereichert sind mit Links, Sternchen, Videos, Preisen oder Bildern. Wer die Snippets liest, sollte auch noch den dazugehörigen Artikel lesen, da der Snippet-Text häufig sehr komprimiert ist und die Informationen im Zusammenhang etwas anderes bedeuten können. Ein einfaches Abschreiben des Snippets ist daher nicht ratsam.

Metasuchmaschinen leiten Suchanfragen an die Datenbestände mehrerer herkömmlicher Suchmaschinen weiter. Suchmaschinen ermöglichen das schnelle Auffinden von Internetseiten zu bestimmten Themen. Dazu gibt man Suchanfragen in ein Textfeld ein und erhält als Ergebnis Links, die auf die entsprechenden Seiten führen.

Brauchen wir noch Zeitungen?

Druckerzeugnisse könnte man auch als Dinosaurier bezeichnen: Das Wort klingt schon wie ausgestorben. Aber wer in ein Thema eintauchen möchte, der sollte ruhig mal etwas Gedrucktes in die Hand nehmen – etwa ein Sachbuch. Oder sich das Sachbuch aufs Tablet laden.

Auch die Suchergebnisse auf Google & Co. verweisen häufig auf Druckerzeugnisse, meist auf Zeitungen und Zeitschriften wie „Der Spiegel“, „DIE ZEIT“, „Stern“, „Süddeutsche Zeitung“ (SZ), „Frankfurter Allgemeine Zeitung“ (FAZ), die „taz“ (Die Tageszeitung) oder die „Neue Zürcher Zeitung“ (NZZ).

Ein Stapel Zeitungen – die Dinosaurier unter den Nachrichtenquellen

Die gute Nachricht: In diesen Zeitungen arbeiten Redakteure, die Artikel schreiben und ihr Handwerkszeug gelernt haben. Die meisten davon haben studiert und dann noch zwei Jahre eine Ausbildung bei einer Zeitung absolviert (Volontariat) und werden dann erst zu Redakteuren ernannt. Das ist so was wie ein Ritterschlag.

Die schlechte Nachricht: Die Artikel in der SZ oder NZZ sind in einer ausgefeilten Sprache geschrieben, man muss sich also bemühen, um alles zu verstehen. Der Lohn dafür sind Informationen und Atmosphäre.

Was soll das mit den großen Buchstaben?

Mit Vorsicht sind Boulevardzeitungen zu genießen. Der Grund: Diese Zeitungen, wie die deutschlandweit verkaufte „Bild-Zeitung" oder der im Rheinland populäre „Express", müssen sich jeden Tag am Boulevard (Straße) verkaufen. Diese Boulevardzeitungen machen durch große Überschriften auf sich aufmerksam, und sie sind wenig seriös.

GROßE BUCHSTABEN **BOULEVARD** –

kleine Buchstaben **SERIÖS**

Sie stehen täglich unter extremem Konkurrenzdruck, da sie in der Regel nicht abonniert werden können. Also übertreiben sie schon mal gern, arbeiten mit vielen Fotos und verknappen Inhalte so, dass sie pompöser klingen.

Sie sind auch weniger an den bloßen Fakten als vielmehr an menschlichen Themen interessiert. Das ist einfach ihr Job, das kann man den Redakteuren nicht übel nehmen.

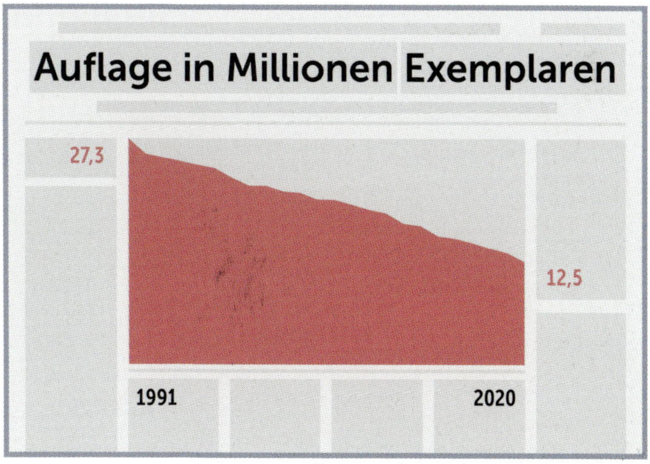

Der rasante Absatzniedergang der Tageszeitungen

Die Macht der Boulevardmedien ist nicht zu unterschätzen. Deshalb geben sich einflussreiche Politikerinnen und Politiker auch im Axel-Springer-Haus der Bild-Zeitung die Klinke in die Hand.

Warum darf man nicht alles lesen?

Wer den **Link** auf den Artikel einer Zeitung anklickt, der gerät manchmal an eine Bezahlschranke. Dann steht dort, dass der Artikel nur weitergelesen werden kann, wenn gezahlt oder eine Werbung akzeptiert wird.

Der englische Begriff **link** bedeutet übersetzt so viel wie Verbindung. Ein Link ist eine Verbindung mit einer Internetseite. Klickt man darauf, gelangt man automatisch auf die jeweilige Seite.

Die Bibliothek ist eine sichere und kostengünstige Quelle für dein Referat.

In Bibliotheken kann man häufig Zeitungen und Zeitschriften ohne Bezahlschranke einsehen. Ein Bibliotheksausweis kostet nicht viel und lohnt sich. Warum aber wollen die Zeitungen und Zeitschriften Geld? Weil sie ihre Angestellten bezahlen müssen. Die Redakteure und Drucker leben schließlich davon.

Informationen im Netz sind oft erst zugänglich, wenn du Werbung zulässt.

Wer bekommt acht Milliarden von uns?

Immer wichtiger für Referate werden die öffentlich-rechtlichen Medien, die in den Links erscheinen. Dazu zählen: der Deutschlandfunk, das ZDF und die ARD mit ihren Sendern wie WDR, SWR, BR oder NDR. Du kennst sie u. a. auch von KiKa oder der Jugend-App Funk. Diese Sender haben sehr viel Geld, da sie von nahezu jedem deutschen Haushalt Rundfunkgebühren fordern. Das sind insgesamt über acht Milliarden Euro im Jahr. Dafür zahlen sie ihren ehemaligen Mitarbeitern hohe Renten und bilden neue Mitarbeiter gut aus.

Die Abkürzung **ARD** steht für Arbeitsgemeinschaft der öffentlich-rechtlichen Rundfunkanstalten der Bundesrepublik Deutschland.

Damit sich im Programm die Interessen der gesellschaftlichen Gruppen niederschlagen, überwachen Rundfunkräte, Verwaltungsräte, Fernseh- und Hörfunkräte, was gesendet wird und wofür die Gebühren ausgegeben werden. In diesen Räten sind Vertreterinnen und Vertreter aus Politik, Frauenverbänden, Wirtschaft und Kirche.

Alle zahlen an **ARD UND ZDF,** deshalb sollen sie auch **PROGRAMM FÜR ALLE PRODUZIEREN.**

In Österreich verhält es sich ähnlich mit dem Österreichischen Rundfunk (ORF) und in der Schweiz mit der Schweizerischen Radio- und Fernsehgesellschaft (SRG). Sie haben zusätzlich zu TV- und Radio- auch Online-Redaktionen, auf deren Inhalte jeder zugreifen kann. Neben Erklärvideos gibt es Artikel zu aktuellen Themen und Videos zu Wissenssendungen wie Quarks oder im ZDF Leschs Kosmos mit Professor Harald Lesch. Besonders gut für alle, die Referate schreiben: Bei allen Online-Artikeln von ARD und ZDF gibt es keine Bezahlschranken!

Wer ist Lehrerschmidt?

Einige Schüler nutzen YouTube (2005 gegründet) als Suchmaschine. Sie ist nach Google die zweitgrößte und gehört seit 2006 zu Google. Wer Hintergrundinformationen für ein Referat benötigt, findet dort passende Videos. Das Problem dabei ist: Man muss für die Recherche viel Zeit mitbringen, weil man häufig an Videos hängen bleibt, die eigentlich nichts mit dem Referatsthema zu tun haben, aber interessant sind.

Auf YouTube tummeln sich richtig gute „Erklärer". Einer davon ist „Lehrerschmidt". Er wollte seinen Schülern mit kleinen Lernvideos helfen und erstellte kurze Erklärvideos zu Mathematik. Seit 2016 gibt es seinen YouTube-Kanal mit vielen Videos zu den Bereichen Allgemeinwissen, Mathematik, Physik und Deutsch. Heute ist Lehrerschmidt der bekannteste Lehrer Deutschlands.

> „Offline bin ich Kai Schmidt, 40 Jahre alt und Schulleiter von Beruf. Mit über 1.500 Videos vermittele ich die gesamte Schulmathematik von Klasse 1 bis Klasse 10."
>
> *Lehrerschmidt*

Erklärvideos auf YouTube sind sehr beliebt.

Wo gibt es Weltliteratur to go?

Wer gern Romane liest oder ins Theater geht, der kennt die Geschichten von berühmten Schriftstellern wie Johann Wolfgang von Goethe („Faust") oder William Shakespeare („Romeo und Julia").
Wer aber für ein Referat oder eine Buchvorstellung nur eine Zusammenfassung von einer dieser Geschichten braucht, der landet schnell bei „Sommers Weltliteratur to go". Dahinter steckt Literaturwissenschaftler Michael Sommer (geb. 1974), der seit 2015 schon über 300 Werke auf YouTube mit Playmobil-Figuren kurz zusammengefasst hat.

Nichts zum Knabbern: Cookies!

Egal, welche Seite du bei deiner Recherche für das Referat im Netz aufrufst, am Anfang steht dort in der Regel eine Frage wie diese: „Alle technisch nicht notwendigen Cookies blockieren?"

Es geht um Cookies

Was ist das? Seit rund 30 Jahren werden digitale Cookies (dt. „Plätzchen") benutzt: kurze Textdateien, die auf deinem Gerät gespeichert werden. Wenn du eine Seite besucht hast, wird dies vom Cookie nicht nur auf deiner Festplatte gespeichert, sondern auch auf dem Server des Betreibers der Seite.

Das Süße im Cookie:

Wenn du eine Seite wieder aufrufst, ist sie gleich auf dich zugeschnitten: Deine Einstellungen wurden gespeichert, Felder zur Dateneingabe werden direkt ausgefüllt, und Produkte werden dir vorgeschlagen, die du vielleicht magst. Und da der Webseitenbetreiber für die Werbung Geld bekommt, kann er dir die Webseite kostenlos zur Verfügung stellen.

Cookie-Typen:

Tracking-Cookies ...

... speichern dein Verhalten über verschiedene Seiten hinweg und über Jahre hinaus. Manchmal auch Benutzernamen, Adressen, Telefonnummern oder Kontodaten. Werbetreibende, aber auch Kriminelle mögen solche Cookies.

Drittanbieter-Cookies ...

... nennen sich die Plätzchen, an denen nicht nur jene Seite knabbert, auf der du dich befindest, sondern auch andere Firmen, die über diese Seite Informationen saugen.

Session-Cookies ...

... werden nach jeder Internet-Sitzung automatisch gelöscht. Sie enthalten oft sensible Daten. Um sie zu löschen, musst du deinen Browser schließen. Häufig werden diese Cookies und ihre Nutzung nicht erbeten, sondern laufen automatisch im Hintergrund.

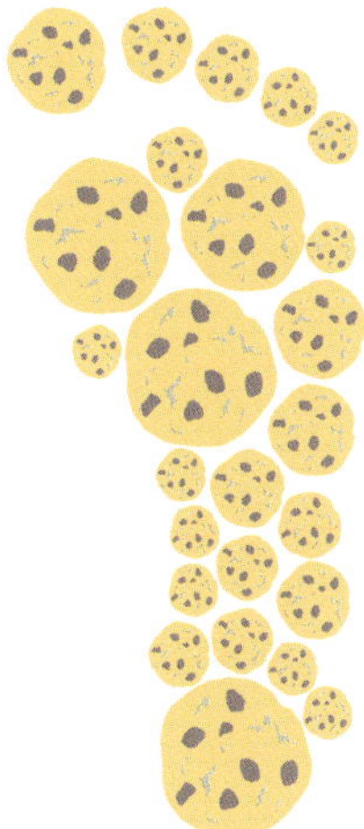

Das Bittere am Cookie:

Der Cookie weiß mehr von dir, als du willst. Er weiß immer, was du tust und wo du dich im Netz befindest (digitaler Fußabdruck). Er kennt deine IP-Adresse, die besuchten Seiten, kennt Daten aus ausgefüllten Internetformularen usw. Und er vermittelt die Erkenntnisse über dich häufig an Dritte, die dann wieder auf dich Einfluss nehmen können, ohne dass du das weißt. Am Ende gibt es ein Profil von dir (Profiling), das dich vorhersehbar macht.

Kriminelle und Cookies

Wenn Kriminelle an Cookies knabbern, wissen sie eine Menge über dich. Häufig gelangen sie über fehlerhafte und nicht geschützte Cookies an die Daten. Mit dem Wissen über dich können sie dich erpressen und sogar unter deinem Namen an sensible Daten anderer gelangen und Schadsoftware über deinen Account verschicken. Meistens können die Täter übrigens nicht ermittelt werden. Du solltest den Datenklau trotzdem bei der Polizei anzeigen.

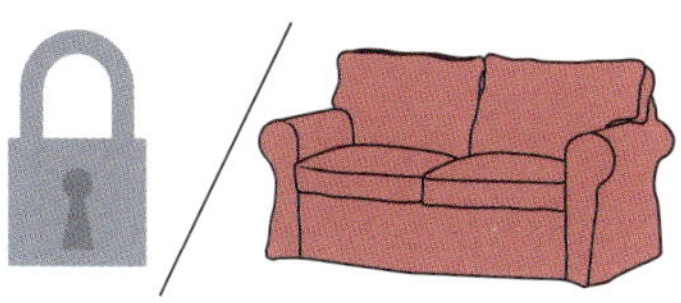

Will ich Cookies zulassen oder nicht?

Die Antwort kannst nur du geben: Du musst dich entscheiden im Kampf zwischen Sicherheit vs. Bequemlichkeit. Du solltest auf alle Fälle mal schauen, was hinter „Einstellungen verwalten" jeweils steckt. Nimm dir die Zeit.

Grundregeln:

Du musst Cookies nicht annehmen, wenn sie dir nicht schmecken. Du solltest die Cookies von Zeit zu Zeit löschen.

Gute Adresse zum Thema:

www.verbraucherzentrale.de/wissen/digitale-welt/datenschutz/cookies-kontrollieren-und-verwalten-11996

GEFÄHRLICHE LÜGEN!

Emily will Klassensprecherin werden. Aber es gibt das Gerücht, dass sie 20 Euro aus der Klassenkasse genommen haben soll. Sie weiß nicht einmal, wer den Blödsinn, der jetzt sogar in der WhatsApp-Gruppe kursiert, erfunden hat. Fake News können brutal sein, egal, ob man Klassensprecher werden möchte oder ins Parlament kommen will.

Was sind Fake News?

Woher kommt der Begriff „Fake News"? Er setzt sich aus den englischen Worten „fake" für Fälschung und „news" wie Nachricht zusammen: „Gefälschte Nachricht". Mit solchen sollen Leser, Hörer und Zuschauer in die Irre geführt, belogen und manipuliert werden.

Der Begriff wurde auch von Ex-Präsident Donald Trump benutzt, um seriöse Zeitungen wie die FAZ oder Sender wie ARD und ZDF als Verbreiter von Falschnachrichten herabzuwürdigen.

Fake News können richtig wütend machen.

Unter einer **Provokation** versteht man eine absichtliche Herausforderung oder Aufwiegelung. Man reizt jemanden beispielsweise, indem man eine unerhörte Behauptung aufstellt, mit dem Ziel, dass das Gegenüber darauf emotional reagiert, also beispielsweise wütend wird.

In Deutschland wird in diesem Zusammenhang in gewissen Kreisen die Presse auch oft als „Lügenpresse" beschimpft. Dieser Begriff tauchte bereits um etwa 1800 das erste Mal auf. Für Journalisten, die sich der Wahrheit verpflichtet fühlen, ist das eine **Provokation**.

Was bewirken absichtliche Falschnachrichten?

Fake News beeinflussen unser Denken, machen uns wütend, lösen Ängste aus und verbreiten sich schnell. Auf die Dauer führen Fake News dazu, dass wir uns falsche Urteile (Vorurteile) über Themen oder Politiker bilden, uns streiten und unser friedliches Zusammenleben dauerhaft gefährdet wird.

Wer jemanden in einen sozialen Netzwerk einen Beitrag zeigen möchte, der **teilt** ihn.

Falschnachrichten können sich auf vielen Wegen verbreiten.

Einige Bürger haben schon durch all die geteilten Fake News in den sozialen Medien oder auch in Talkshows den Glauben an die seriösen Medien verloren. Doch um in einer Demokratie mit so vielen Menschen wie in Deutschland, Österreich oder der Schweiz miteinander leben zu können, brauchen wir glaubwürdige Medien und nicht nur soziale Medien wie Twitter oder Facebook, wo jeder veröffentlichen kann. Denn die Journalisten von Fernsehen, Radio und Zeitung dienen als kritische Vermittler zwischen Politikern, Ämtern und Bevölkerung.

Unter dem Begriff **Social Media** beziehungsweise soziale Medien werden alle Technologien und Dienste zusammengefasst, die zum gegenseitigen Austausch von Inhalten im Internet dienen. Dabei kann es um Kommunikation gehen, wie etwa in sozialen Netzwerken, um die Erstellung neuer Inhalte, wie in Wikis, oder um das Teilen von Inhalten, wie bei Videoportalen.

Wie brennen sich Fake News ins Gedächtnis?

Kennst du schon diesen Trick, um besser Englischvokabeln zu lernen? Stell dir z. B. bei den Wort „chair" immer einen Stuhl vor.

„Chair" ist englisch für „Stuhl".

Eigentlich haben die fünf Buchstaben und der Gegenstand mit den vier Beinen nichts miteinander zu tun. Wort und Gegenstand werden daher auch erst einmal an verschiedenen Stellen in unserem Gehirn verarbeitet.

Doch durch die gleichzeitige Wiederholung der angesprochenen Nervenzellen in deinem Gehirn verknüpfen sich die Nervenzellen im Hirn miteinander. Wenn du das Wort „chair" liest, hast du irgendwann automatisch einen Stuhl vor Augen. Das nennt sich Hebb'sche Lernregel – nach dem kanadischen Psychologen Donald Olding Hebb (1904–1985).

Bei Nachrichten funktioniert es ähnlich: Hören wir häufiger, dass Menschen aus arabischen Ländern für Terroranschläge verantwortlich sind, so verschmelzen irgendwann die Begriffe „Araber" und „Attentäter" miteinander. Verheerend ist es, wenn solche Verknüpfungen auch noch durch Fake News unterstützt werden – und Arabern Straftaten angedichtet werden, die sie gar nicht begangen haben.

Eine **Synapse** ist die Verbindungsstelle, an der eine Nervenzelle in Kontakt zu einer anderen Zelle tritt. „Synapse" kommt von den griechischen Wörtern „syn" (zusammen) und „haptein" (fassen). Durch Synapsen können sich unter anderem Signale oder Erregungen übertragen. In einem Gehirn eines erwachsenen Menschen befinden sich etwa 100 Billionen Synapsen.

Was sind Trolle?

Damit sind nicht die Fabelwesen aus dem hohen Norden gemeint, sondern Produzenten von Fake News und Hasskommentaren. Sie wissen, wie sie Menschen im Netz lenken und Hass säen können. Sie verbergen sich hinter **Fake-Accounts**, sitzen überall auf der Welt. Sie wollen Menschen verunsichern, werben (Propaganda, siehe Infokasten S. 148) für ihre Regierungen und stiften Unfrieden.

Ein **Fake-Account** ist ein gefälschtes Online-Konto, bei dem sich der wahre Inhaber hinter einer gefälschten Identität verbirgt, sich also als jemand anderes ausgibt.

Die russischen Trolle waren die ersten weltweit. Seit 2003 loben sie den russischen Präsidenten Wladimir Putin und versuchen, einen Keil zwischen die Staaten der EU zu treiben. Nach Angaben des russischen Hacker-Kollektivs Anonymous muss jeder Troll in der Trollfabrik täglich mindestens 50 Kommentare zu Nachrichten verfassen und an sechs Profilen auf sozialen Netzwerken wie Facebook und Twitter arbeiten.

Wichtig für die Trolle ist, dass sie nicht nur zu politischen Themen ihre Kommentare abgeben, sondern sich auch verlinken und Likes generieren. Sie versuchen, dein Vertrauen zu gewinnen, um dich dann zu belügen.

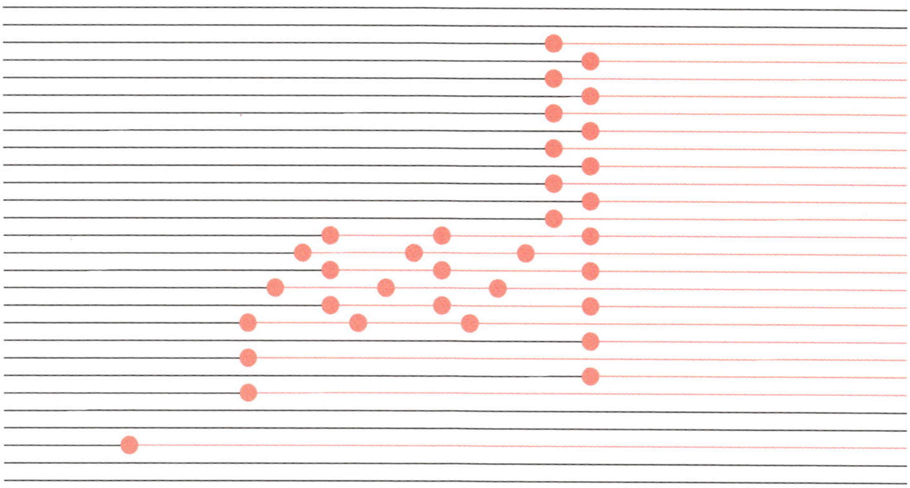

Viele Trolle (hier symbolisiert durch Punkte) bilden zusammen eine Trollfabrik.

Was tun Social Bots?

„Bot" ist die Kurzform von „robot", auf Deutsch Roboter. „Social Bots" sind Softwareprogramme, die in sozialen Netzwerken automatisiert liken, haten oder mit Fake-Accounts eine menschliche Identität vorspielen. Sie nehmen an Diskussionen teil und verbreiten Inhalte.

Ein Mensch oder eine Regierung kann mit Social Bots die eigene Meinung (Meinungsbots) vielfach verbreiten.

Sie tun EINFACH so, als seien sie VIELE.

Eine sogenannte **Graswurzelbewegung** ist eine politische oder gesellschaftliche Bewegung, die von der Basis der Bevölkerung ausgeht.

Wenn sich wirklich viele Menschen einer Bewegung off- oder online anschließen, weil sie die gleiche Meinung haben, so nennt sich das Graswurzelbewegung. Wenn es allerdings ein Fake ist und die Menge nur durch Bots vorgegaukelt wird, dann ist der Fachbegriff dafür Astroturfing. Er ist angelehnt an den Namen der US-Firma Astroturf, die Kunstrasen herstellt.

Astroturfing wird eingesetzt, um die Meinungen größerer Gruppen hinsichtlich eines bestimmten Themas zu beeinflussen. Dazu wird von Einzelnen über eine große Anzahl von Posts der Eindruck vermittelt, es gäbe bereits ein breites Interesse an diesem Thema.

Wie schwerwiegend das Problem der Social Bots im Internet ist, siehst du daran, dass du ab und an dazu aufgefordert wirst, ein Feld mit Buchstaben und Zahlen auszufüllen, um zu beweisen, dass du kein Bot bist. Manchmal musst du auch aus mehreren Fotos diejenigen mit einem bestimmten wiederkehrenden Element herauspicken.

Bots sind preiswert: 1.000 gefälschte Profile kosten zwischen 50 Dollar (Twitter-Accounts) und 150 Dollar (ältere Facebook-Profile). Eine 10.000 Bot starke Twitter-Armee kostet rund 500 Dollar.

Wovor müssen wir uns hüten?

Vor Nachrichten, die auffällig reißerisch sind, vor Artikeln mit großen Buchstaben und vor sensationellen Fotos. Denn all das deutet darauf hin, dass jemand unbedingt eine Information verkaufen will. Im Internet nennen wir so etwas **Clickbaiting**. Man wird neugierig gemacht und schon drückt man auf das Foto oder den Überschriftenlink. Der Artikel ist dann häufig auch übertrieben, aber gut weiterzuempfehlen, denn die Verfasser legen extrem viel Wert auf eine schnelle Verbreitung.

Das englische **clickbaiting** lässt sich am ehesten mit „Klickködern" übersetzen.

Jemand verlockt einen Leser durch einen kurzen, reißerischen Titel dazu, einen Artikel oder ein Video anzuklicken. Mit **Clickbaits** will man unter anderem höhere Werbeeinnahmen durch Internetwerbung erzielen.

Ebenfalls bedenklich ist ein Hoax. Das englische Wort für Scherz bezeichnet Falschmeldungen, die geteilt werden, weil sie vielleicht lustig sind. Kettenbriefe gehören auch zu den Hoaxes. Ganz fies sind Charity-Hoaxes. Dabei wird beispielsweise erzählt, dass diese Nachricht nur weitergeleitet werden muss. Und wenn man selbst und eine Million andere das ebenfalls tun, bekommt ein unheilbar krankes Kind einen Tag an seinem Wunschort geschenkt.

Wollten alle auf den Schulfrei-Fake reinfallen?

Als Anfang 2020 Corona von China nach Europa schwappte und in Deutschland die Schüler ihren ersten Lockdown erlebten, chatteten viele über den **Messenger** WhatsApp. Unter all den Nachrichten verbreitete sich eine besonders schnell in Nordrhein-Westfalen, aber auch in anderen Bundesländern:

Message ist englisch und heißt „Nachricht". Mithilfe von Messengern kannst du dich mit einer anderen oder vielen Personen über Textnachrichten unterhalten. Häufig können Messenger zusätzlich Bild- oder Videodateien versenden. Oder du kannst über den Messenger telefonieren.

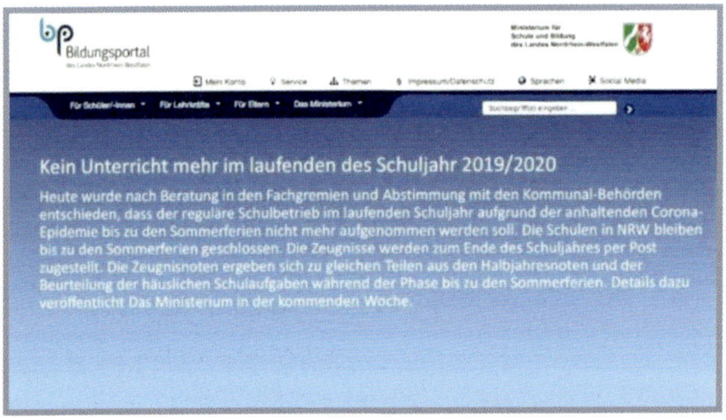

Eigentlich hätten die Schüler nur die Überschrift kritisch lesen müssen, um die Nachricht als Fake zu enttarnen: „Im laufenden des Schuljahr" ist grammatikalisch falsch. Richtig hätte es heißen müssen: „Im laufenden Schuljahr 2019/2020".

Aber oftmals lesen wir nur das, was wir lesen wollen. Den Rest blenden wir aus. Vor allem auf WhatsApp ist das ein Problem, weil wir Fakes häufig von Freunden weitergeleitet bekommen. Und diesen vertrauen wir natürlich. Nur haben diese die Nachricht selbst nicht auf ihre Richtigkeit überprüft. Deshalb müssen wir es tun!

To chat ist englisch und bedeutet so viel wie plaudern. In einem Chat kann man sich mit anderen im Internet treffen und unterhalten. In sogenannten Chatrooms unterhalten sich meist mehrere Personen miteinander. Man kann aber auch über Messenger miteinander chatten – dann sind in der Regel nur zwei Personen beteiligt.

Wie findet man die Wahrheit heraus?

Die ist beim „Schulfrei-Fake" womöglich gar nicht so einfach zu ermitteln. Denn es kann Folgendes passieren: Man erkennt den Grammatikfehler und sucht über die Suchmaschine nach der Seite des Bildungsportals Nordrhein-Westfalen, um die Quelle zu checken. Doch auf dem Portal befindet sich die gleiche Fake News.

Was ist passiert? Den Fälschern ist es gelungen, eine gefälschte Portalseite in der Suchmaschine weit nach oben in den Suchergebnissen zu bringen. Um zu vermeiden, sich zur falschen Quelle zu googeln, muss man direkt die URL der gesuchten Seite in den Browser eingeben.

Der Fake-Fall mit der falschen Portalseite ist übrigens Tausenden Betrieben passiert, als sie staatliche Corona-Hilfen in Anspruch nehmen wollten. Sie haben dann auf dem Portal einen gefälschten Antrag ausgefüllt, mit dem dann statt der Betriebe die Fälscher das Geld eingestrichen haben. Das nennt sich auch Cyberkriminalität.

Ein Tipp: Wenn du dir bei wichtigen Nachrichten nicht sicher bist, so diskutiere sie am besten mit deinen Eltern oder einer Lehrkraft. Du kannst übrigens auch prüfen, ob nicht schon jemand anderes den Fake enttarnt hat, indem du die Information mit dem Begriff „Fake News" verknüpfst.

Mit der **URL** bezeichnet man eine Internetadresse, die man in die Adresszeile des Browsers eingeben kann. URL steht für „Uniform Resource Locator", was übersetzt „Einheitlicher Quellen-Ortsbestimmer" heißt.

Ein **Browser** ist ein Programm, das es dir ermöglicht, Internetseiten im World Wide Web abzurufen und dir auf dem Computerbildschirm anzeigen zu lassen. Auf vielen Geräten sind bestimmte Browser schon vorinstalliert.

Enttarne den Fälscher!
Gewinne den goldenen No-Fake-Pokal!

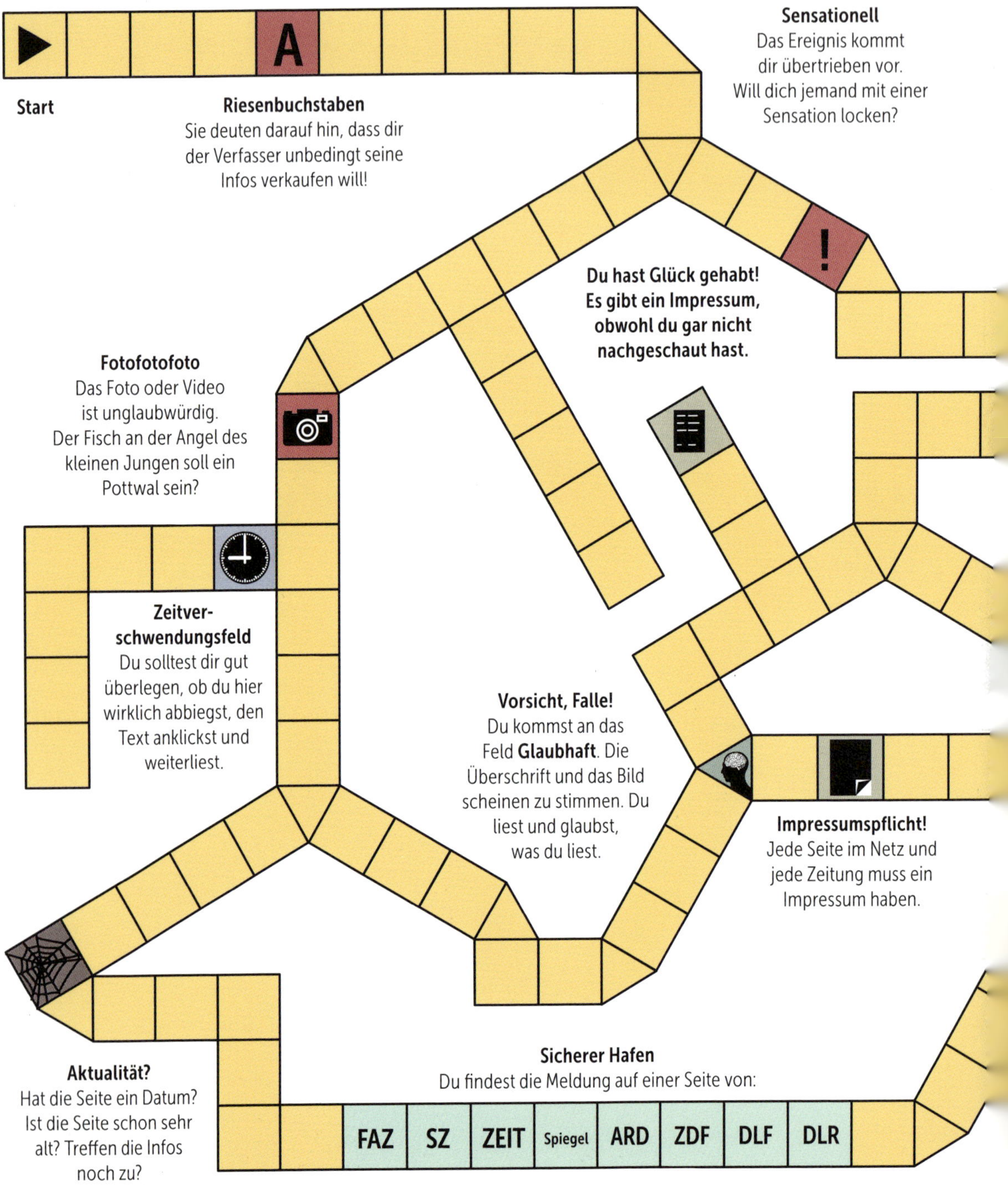

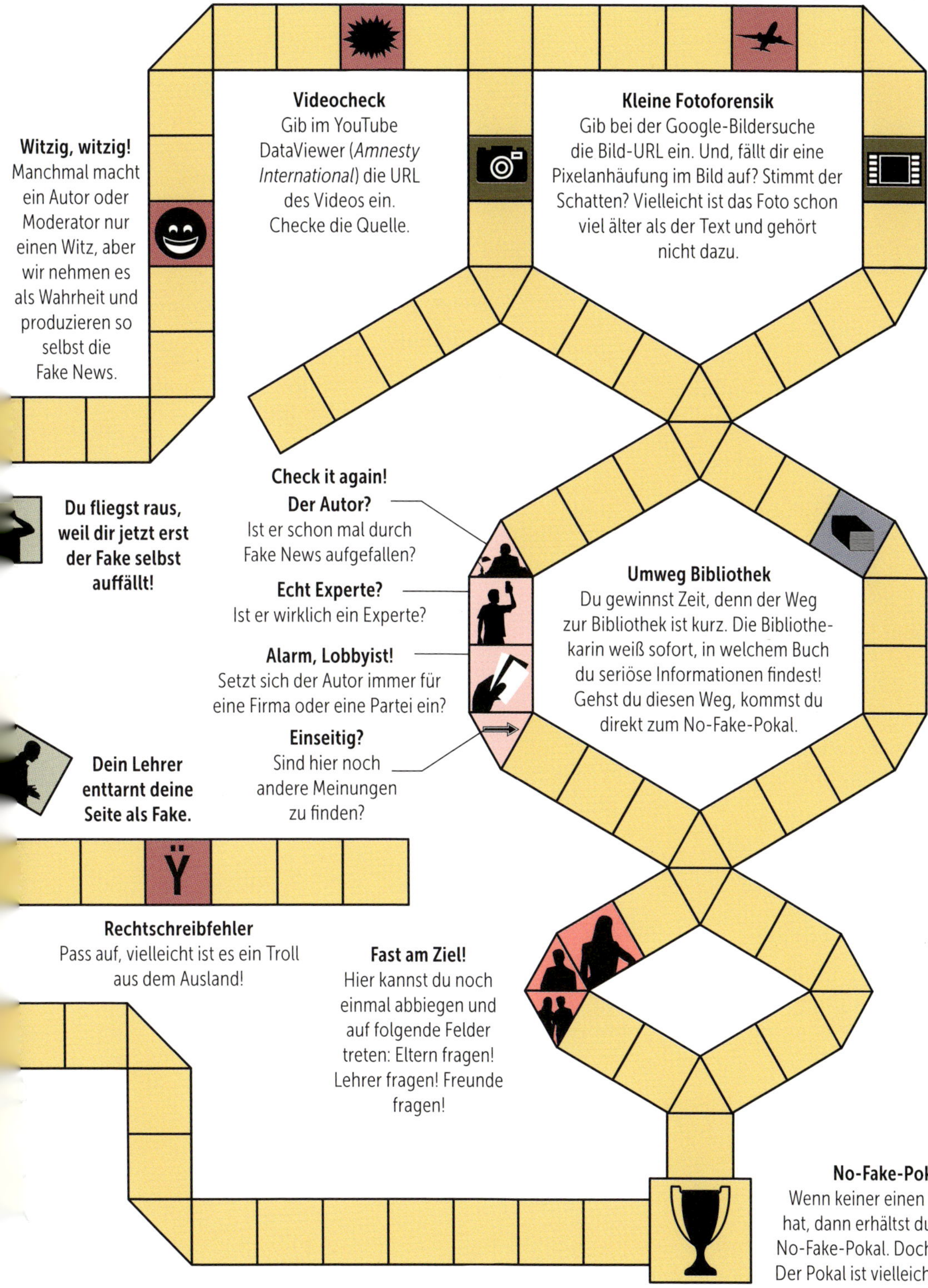

Versteckte Werbung
Ab und an tut Werbung so, als sei sie nur informativ und objektiv. Du erkennst Werbung übrigens oft an dem Hinweis „Anzeige".

Pop-ups-Werbe-Alarm!
Reißerisches wird geboten, damit du möglichst lange auf der Seite bleibst und Werbung ansiehst.

Witzig, witzig!
Manchmal macht ein Autor oder Moderator nur einen Witz, aber wir nehmen es als Wahrheit und produzieren so selbst die Fake News.

Videocheck
Gib im YouTube DataViewer (*Amnesty International*) die URL des Videos ein. Checke die Quelle.

Kleine Fotoforensik
Gib bei der Google-Bildersuche die Bild-URL ein. Und, fällt dir eine Pixelanhäufung im Bild auf? Stimmt der Schatten? Vielleicht ist das Foto schon viel älter als der Text und gehört nicht dazu.

Check it again!

Der Autor?
Ist er schon mal durch Fake News aufgefallen?

Echt Experte?
Ist er wirklich ein Experte?

Alarm, Lobbyist!
Setzt sich der Autor immer für eine Firma oder eine Partei ein?

Einseitig?
Sind hier noch andere Meinungen zu finden?

Du fliegst raus, weil dir jetzt erst der Fake selbst auffällt!

Umweg Bibliothek
Du gewinnst Zeit, denn der Weg zur Bibliothek ist kurz. Die Bibliothekarin weiß sofort, in welchem Buch du seriöse Informationen findest! Gehst du diesen Weg, kommst du direkt zum No-Fake-Pokal.

Dein Lehrer enttarnt deine Seite als Fake.

Rechtschreibfehler
Pass auf, vielleicht ist es ein Troll aus dem Ausland!

Fast am Ziel!
Hier kannst du noch einmal abbiegen und auf folgende Felder treten: Eltern fragen! Lehrer fragen! Freunde fragen!

No-Fake-Pokal
Wenn keiner einen Einwand hat, dann erhältst du nun den No-Fake-Pokal. Doch Achtung! Der Pokal ist vielleicht gar nicht wirklich aus Gold.

Verschwörung überall!

Ist die britische Königin ein Echsenmensch? Nein! Aber solche Fragen stellen sich Leute, die Verschwörungstheorien anhängen. Sie verbeißen sich in unsinnige Ideen und finden im Netz Gleichgesinnte, die z. B. denken, dass Bill Gates die Weltherrschaft will und die Erde eine Scheibe ist.

Wie entsteht eine Verschwörungstheorie?

Verschwörungstheoretiker glauben, dass ein Ereignis oder eine Situation von geheimen Mächten, Religionsgemeinschaften oder Superreichen böswillig gesteuert wird.

Oft fallen solche Theorien auf fruchtbaren Boden, wenn die Zeiten unsicher sind, wie zur Corona-Pandemie Anfang 2020. Denn niemand wusste genau, was gegen das Virus hilft. Die Menschen waren in Panik, verängstigt und fühlten sich ohnmächtig. Damals entstand die Theorie, dass Microsoft-Gründer Bill Gates schuld an der Pandemie sei, er alle zwangsimpfen und mit einem Chip überwachen wolle. Die Verschwörungsgläubigen hatten somit ein direktes Feindbild, das sie für alles verantwortlich machen konnten.

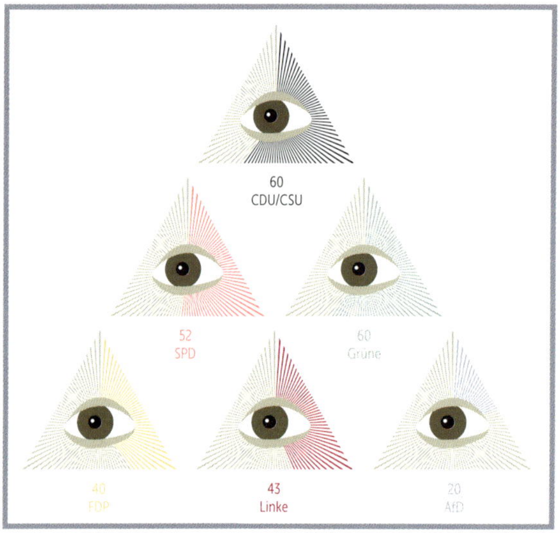

So viele Parteianhänger (in Prozent) halten Verschwörungstheoretiker für verrückt.

Fake News sind keine Verschwörungstheorien, auch wenn der Übergang fließend sein kann. Ihren Verfassern ist durchaus bewusst, dass ihre Lügen tatsächlich Lügen sind. Die Mehrheit der Verschwörungsgläubigen ist aber überzeugt von dem, was sie vertreten.

Warum verbreiten Verschwörungsgläubige ihre wilden Theorien?

1 Weil sie felsenfest davon überzeugt sind, dass die Theorie wahr ist. Und sie diese Wahrheit in die Welt tragen wollen.

2 Weil das WIR-Gefühl der Gruppe extrem stark ist, da sie glauben, dass nur sie und ihre Mitstreiter die Wahrheit kennen, alle anderen aber gegen sie sind. Sie sind sozusagen als Gruppe auserwählt und müssen den Ungläubigen die Augen öffnen. Das vereint sie. Häufig reden sie von „die da oben" und „wir, das Volk".

3 Weil sie eine Verschwörungstheorie zur gezielten Provokation nutzen, um politisch aufzufallen.

4 Wissenschaftler vermuten, dass einige Anhänger solcher Theorien eine prinzipielle Verschwörungsmentalität haben und grundsätzlich misstrauisch gegenüber den führenden Persönlichkeiten und dem Staat sind.

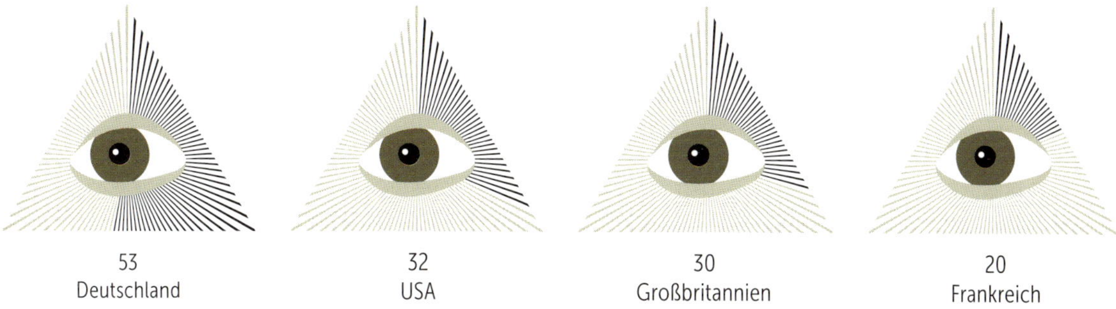

So viele Menschen je Land (in Prozent) halten Verschwörungstheoretiker für verrückt.

Wer ist dieser QAnon?

Einige heftige und populäre Verschwörungstheorien kommen aus dem Internet, genauer gesagt von der Seite 4chan. Ein Fünfzehnjähriger hat die Plattform 2003 gegründet. 2017 schrieb dort ein Nutzer, dass die US-Präsidentschaftskandidatin Hillary Clinton, die damals gegen Donald Trump antrat, festgenommen werde. Er signierte den Eintrag mit Q.

Hillary Clinton wurde nicht festgenommen, aber plötzlich war Q bekannt und geheimnisvoll. Deshalb kam hinter das Q noch ein Anonymus, kurz QAnon.

QAnon nutzt einen Trick: Der Leser erhält von Q einen Rechercheauftrag – er soll also Informationen zu einer Behauptung finden. In den Aufträgen („drops“) gibt es Brotkrumen („bread crumbs“) an Informationen, denen der Leser dann folgen kann, aber wie Hänsel und Gretel niemals das Ziel erreicht, sondern höchstens das Haus einer bösen Hexe. Die QAnon-Anhänger recherchieren in die wildesten Richtungen, bis wieder eine neue Verschwörungstheorie fertig ist.

Anhänger von QAnon bei einer Demonstration

Sind Verschwörungstheorien gefährlich?

Auf alle Fälle! Das zeigte der Fall „Pizzagate" in den USA, der auch mit QAnon zu tun hatte: Es war das Gerücht verbreitet worden, wonach Präsidentschaftskandidatin Hillary Clinton oder jemand aus ihrem Umfeld einen Kinderpornoring betreiben würde.

Der Fall „Pizzagate" sorgte während der Präsidentschaftskandidatur 2016 für viel Aufmerksamkeit.

Der Grund war, dass in gestohlenen Mails aus Clintons Umfeld das Wort „cheese pizza" auftauchte. Die Verschwörungstheoretiker glaubten sofort, dass die Initialen c und p für child pornography stehen würden. Und es gab auch angeblich einen Hinweis, dass Kinder im Keller der Pizzeria Comet Ping Pong in Washington festgehalten würden.

Ein junger Mann, der dies las, griff zum Sturmgewehr und wollte die Kinder befreien. Doch es gab gar keinen Keller in der Pizzeria Comet Ping Pong und natürlich keine festgehaltenen Kinder. Bis heute sitzt der Mann in Haft. Manche Anhänger von Verschwörungstheorien sehen auch Muster in irgendwelchen Ziffernkombinationen oder Buchstaben und vertreten Theorien dazu.

Um Hillary Clinton rankten sich schon viele Verschwörungstheorien.

Was hat der Affe mit dem Ball zu tun?

Wie aber kann es passieren, dass Menschen sich dermaßen in eine unglaubliche Theorie verrennen und sogar Aluhüte tragen, um sich gegen **Strahlungen** zu wappnen?

WLAN und Smartphones funktionieren mit **Strahlung**. Einige Leute behaupten, dass diese Strahlung gesundheitsschädlich sei. Doch es gibt mehr Meinungen dazu als Sandkörner am Strand.

Ein Experiment lässt erahnen, wie extrem sich Menschen auf eine Sache konzentrieren und alles andere ausschalten können. Dazu sieht man sich ein Video an: Sechs Mädchen in weißen und schwarzen Oberteilen stehen vor einem Vorhang. Dann werfen sie sich einen Ball zu. Nun soll man zählen, wie oft die Mädchen in den weißen Oberteilen sich den Ball zuwerfen. Die Antwort: 16. Das ist richtig. Aber darum ging es in diesem Experiment gar nicht! Denn vor lauter Konzentration hat der Betrachter den Gorilla nicht gesehen, der quer durchs Bild lief. Jedenfalls passiert das der Hälfte aller Test-Teilnehmer. Auf YouTube findet sich das Experiment unter „The Monkey Business Illusion". Probiert es mal mit euren Eltern oder Freundinnen und Freunden! Verratet ihnen natürlich vorher nicht, dass dort ein Gorilla ins Bild läuft.

Manche sind davon überzeugt, dass ein Aluhut vor Strahlung schützt.

Findet man wirklich das, wonach man sucht?

Ähnliches geschieht bei der Informationssuche, wenn man nicht aufpasst. Sieht man sich ein Video an oder liest einen Text, macht man dies häufig zur Bestätigung der eigenen Meinung. Auch googeln wir ab und an, um unsere Meinung in Artikeln zu finden. Oder sehen nur das, was uns in den Kram passt.

Ätschi, ich bin unsichtbar!

Deshalb sollte man nie danach suchen, was man finden möchte, sondern danach, was man sucht! Sonst brät man schnell im eigenen Saft.

Die Anhänger von Verschwörungstheorien konzentrieren sich vor allem auf Signalworte wie „Elite", „USrael", „Lügenpresse", „System", „Kontrolle", „Schulmedizin", „Wetterkontrolle", „Illuminaten". Wenn man diese Worte hört oder liest, kann man schon erahnen, in welche Richtung das Gegenüber denkt und schreibt. Seine Beweise für Verschwörungen hat er meist aus YouTube-Videos, die er im Netz gefunden hat.

Wie erkennt man den Verschwörungstheoretiker?

Wenn er nicht gerade einen Hut aus Alu trägt, kann das Erkennen eines Verschwörungstheoretikers im Netz schwierig werden. Diese fünf Punkte sollten jedoch hellhörig werden lassen:

1. Er sagt, dass nur seine Wahrheit stimmt.
2. Er stellt meist nur Fragen wie: „Glaubst du den Politikern etwa?" oder „Hast du noch nie darüber nachgedacht, wie sie uns mit der Strahlung der Strommasten beeinflussen?".
3. Er ist aufgeregt, manchmal wütend und subjektiv.
4. Er hat immer einen Einzelfall zur Hand, um seine Theorie zu begründen. Im Internet zeigt er emotionale Fotos und Bilder.
5. Er ist ein selbst ernannter Experte.

Jeder sechste Amerikaner ist sich nicht mehr sicher, ob die Erde wirklich rund ist. Bei den 18- bis 24-jährigen ist es jeder dritte.

Es ist beeindruckend, wie viele Leute an Verschwörungstheorien glauben. In den USA ist durch YouTube seit 2015 die Flat-Earth-Theorie besonders populär. Ihre Anhänger denken, die Erde sei flach, wir lebten in einem Filmstudio unter künstlichem Himmel und unsere Wissenschaftler seien nur verkleidete Schauspieler, gesteuert von einer kleinen Elite. Das erinnert an den Filmklassiker „Truman Show".

Wie kann man sich schützen?

Erst einmal können wir uns selbst vor solchen unglaublichen Welterklärungen schützen, indem wir uns fragen: Wo habe ich die Information her? Aus einer seriösen Zeitung, von einem öffentlich-rechtlichen TV-Sender oder nur von der Chatgruppe im Netz? Habe ich selbst oft bestimmte Vorurteile? Fühle ich mich selbst benachteiligt und bin wütend? Sehe ich auch Gegenargumente? Glaube ich häufig an abgedrehte Theorien?

Mit jemandem, der von einer Verschwörungstheorie überzeugt ist, solltest du besser gar nicht erst streiten.

Eines steht fest: Kein Mensch ist frei von Ängsten und Vorurteilen. Aber wir sollten uns über unsere Fehler bewusst sein und daran arbeiten. Wer direkt mit einem Verschwörungsgläubigen diskutiert, sollte ihn nicht auslachen oder seine „Idee" frontal angreifen. In der Regel sind Verschwörungstheoretiker dann nicht mehr zugänglich oder werden aggressiv. Manchmal verlieren sie sich auch in langen Diskussionen.

Ein Tipp: Falls solche Leute in deinem direkten Umfeld sind und dich beeinflussen wollen, kannst du mit einem Lehrer darüber sprechen oder mit den Eltern – auch gibt es Sektenberater. Wichtig ist, dass du auf dein Gefühl hörst und etwas kritisch hinterfragst, wenn es dir seltsam erscheint.

Die sieben Wahrheiten über Verschwörungstheoretiker

C:
Contradictory
=
Widersprüchlichkeit

Sie glauben daran, dass die Erde eine Scheibe ist, fliegen gleichzeitig aber im Flugzeug um den Globus.

O:
Overriding Suspicion
=
Generalverdacht

Sie sind extrem misstrauisch, lehnen offizielle Erklärungen ab und vermuten hinter allem eine Verschwörung.

N:
Nefarious intent
=
Böse Absichten

Sie fürchten, dass der Menschheit von geheimen Mächten böse mitgespielt wird.

S:
Something must be wrong
=
Etwas stimmt nicht

Sie misstrauen gängigen Erklärungen und suchen stattdessen nach eigenen Begründungen, die alles erklären.

P:
Persecuted Victim
=
Opferrolle

Sie fühlen sich von der Gesellschaft, dem Mainstream, verstoßen und gleichzeitig als deren Erlöser.

I:
Immune to Evidence
=
Immun gegen Beweise

Gegenargumente zählen für sie nicht. Durch sie glauben sie nur noch mehr an ihre Theorie.

R:
Re-interpreting Randomness
=
Zufälligkeiten uminterpretieren

Für sie ist nichts zufällig. Sie finden Muster in Zahlen und Buchstaben und sehen geheime Bedeutungen.

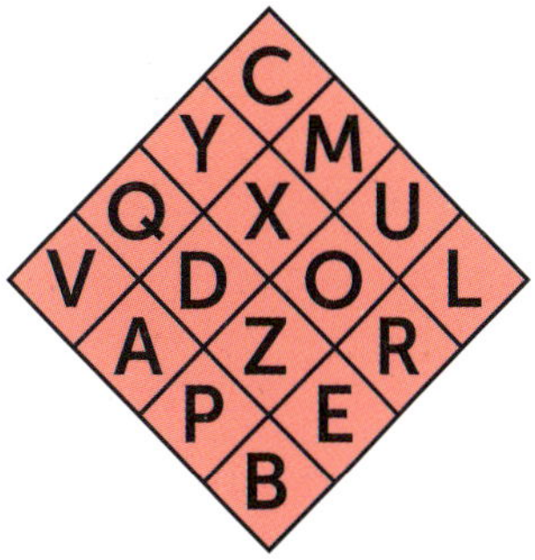

(Akronym „CONSPIR" nach Lewandowsky, S., & Cook, J. (2020). The Conspiracy Theory Handbook)

SUCHMASCHINEN: GUTE NOTEN MIT GOOGLE & CO.

Emily und Lio streiten sich. Lio hält Google für die beste Suchmaschine. Emily schwört auf DuckDuckGo und hält diese für die beste Suchmaschine. Dann betritt ihr Vater Julian den Raum und sagt: „Hey, beruhigt euch, ihr habt beide recht. Aber ich finde Qwant am besten.“ Kann das sein?

Wie findet man, was man sucht?

Zur Beantwortung der Frage müssen wir erst mal ein paar Fakten klären: 98 % aller Webeinstiege laufen über eine Suchmaschine. Früher – also in den 90er-Jahren – wurden meist Internetadressen (Domains) direkt in den Browser eingegeben. Dafür muss die Adresse aber exakt eingetippt werden, um zur gewünschten Seite zu kommen. Das ist sehr umständlich, und man vertippt sich schnell. Deshalb googeln wir lieber und geben dabei nur einen Teil der Adresse ein.

Die Suchmaschine sucht im Browser (Safari, Chrome, Firefox etc.) nach Inhalten und zeigt am Ende die Suchergebnisse in einer Liste (SERP – Search Engine Result Page). Sie durchsucht nicht das ganze Netz, sondern nur das World Wide Web und eigentlich nur den Suchmaschinen-Index. Der ist so etwas wie eine Kartei, in der alle Webseiten kurz beschrieben sind.

Um den Index zu erstellen, scannen sich Crawler selbstständig durch die Webseiten. Google nennt diese Softwareroboter übrigens „Googlebots“. Wenn man nun einen Begriff (also ein Keyword) sucht, wird der nach einem Algorithmus mit dem Index der Suchmaschine verglichen, und man erhält ein Ergebnis in der Suchergebnisliste (SERP).

Ein **Crawler** ist ein Computerprogramm, das selbstständig Dokumente im Internet nach Inhalten durchsucht. Der Name leitet sich von der ersten Suchmaschine für das Internet ab, dem Webcrawler. Crawler werden auch Spider oder Robots genannt.

Womit verdienen Suchmaschinen Geld?

Eine Einnahmequelle sind gesponserte Links. Gibt man z. B. den Suchbegriff „Hund“ ein, kommt irgendwann der gesponserte Link (Anzeige) von einer Firma wie *Fressnapf*. Klickt man diesen Link an, muss Fressnapf Geld an die Suchmaschine zahlen. Gesponserte Links müssen besonders kenntlich gemacht werden, z. B. durch den gefetteten Zusatz „Anzeige“ vor dem aufgelisteten Suchergebnis.

Einige Suchmaschinen wie Google verkaufen auch unsere Daten, damit die Werbung genauer auf uns zugeschnitten werden kann. Interessiert man sich im Netz für alles, was mit Pferden oder Katzen zu tun hat, wird in der Folge vermehrt Werbung für Dinge angezeigt, die damit zu tun haben. Doch es geht hier nicht nur um Werbung, es geht der Suchmaschine auch darum, ein Profil des Suchenden zu erarbeiten, um ihm bessere Suchergebnisse geben zu können.

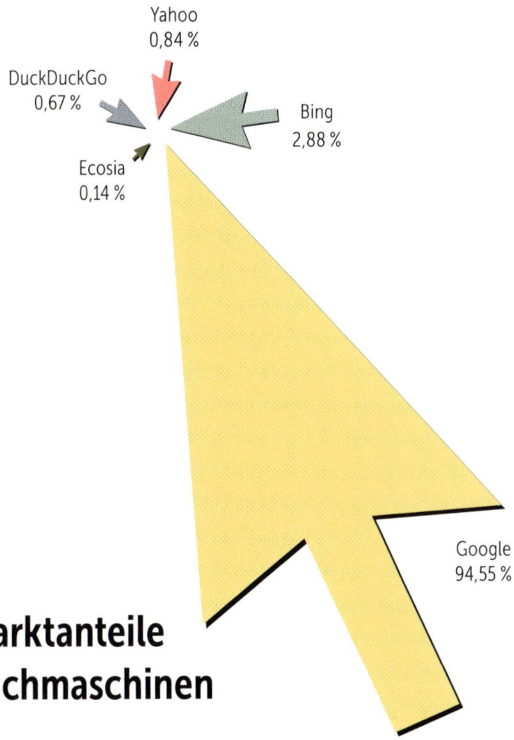

Marktanteile Suchmaschinen

Beim sogenannten **Web-Tracking** werden Nutzer beim Surfen im WWW „verfolgt“. Hinter den Trackern stecken oft Werbedienstleister oder Datenanalysten. Mithilfe einer ausgefeilten Technik können sie genau sehen, welche Seiten ein Nutzer aufruft. Aus den dadurch gewonnenen Daten erstellen sie Nutzerprofile und können die Nutzer so gezielt umwerben.

Wie erhält man bessere Ergebnisse?

Nehmen wir an, Lio mag keine Gedichte. Deshalb googelte er auch nie danach. Lio ist aber ein Fan des Panzer-Games „World of Tanks". Google merkt sich das, und falls nun Lios Lehrer möchte, dass Lio sich auf das Gedicht „Der Panther" von Rainer Maria Rilke vorbereitet, hat Lio ein Problem. Wenn er nämlich an seinem Laptop daheim den Begriff „Panther" eingibt, wird Google ihm das Gedicht erst weit unten in den Suchergebnissen vorschlagen, weil Google gelernt hat, dass er keine Gedichte liest. Das Phänomen nennt sich auch Filterblase.

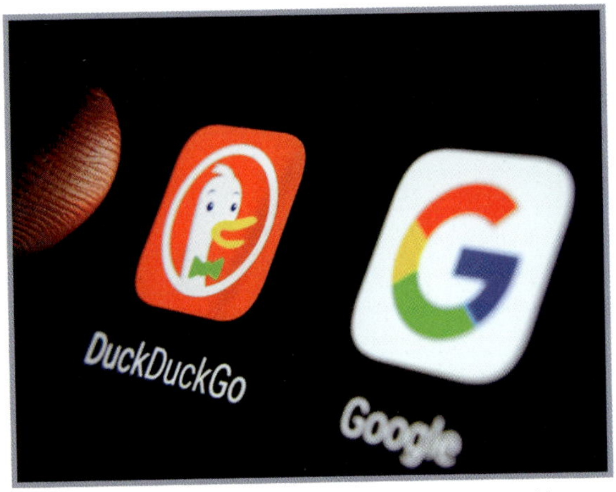

Im Gegensatz zu Google zählt DuckDuckGo zu den neutralen Suchmaschinen.

Deshalb sollte Lio eine Suchmaschine verwenden, die nicht genau auf ihn zugeschnitten sucht, sondern neutraler ist. Eine solche ist beispielsweise DuckDuckGo oder Startpage. Sucht man also etwas für die Schule und hat nicht dieselben Vorlieben wie sein Lehrer, nutzt man besser eine neutrale Suchmaschine, die vorurteilsfreie und sachliche Ergebnisse liefert. Welche das sein könnte, zeigen die folgenden Seiten.

Der Internetaktivist Eli Pariser prägte den Begriff der **Filterblase**. Viele Websites sind durch ihre Algorithmen so programmiert, dass sie Informationen über den Nutzer sammeln (den Suchverlauf, sein Klickverhalten, seinen Standort usw.) und ihm in der Folge Suchergebnisse oder Vorschläge liefern, die zu seinem bisherigen Verhalten passen. Sie filtern also Informationen nach solchen, die den Nutzer interessieren könnten, und solchen, die nicht zu seinen Interessen passen. Er wird dadurch leicht in einer Art „Blase" isoliert, die bestimmte Informationen ausschließt.

Was ist ein Browser?

Suchmaschinen suchen in Browsern wie Chrome, Opera, Firefox oder Safari (Iphone).

Ein Browser ist ein Programm, das Webseiten und Dokumente aus dem World Wide Web darstellt, also eine Art Übersetzer. Das Wort kommt vom englischen Verb „to browse" und heißt „schmökern". Im Browser kannst du unter den Einstellungen eine Suchmaschine aussuchen, die sich dann immer automatisch öffnet, wenn du auf den Browser klickst. Voreingestellt ist fast immer Google, auch auf Safari.

Der Safari-Browser bietet in der Regel folgende Auswahl: Bing, DuckDuckGo, Yahoo.

Es ist empfehlenswert, diese Voreinstellung zu prüfen und anzupassen, um beispielsweise für eine Klassenarbeit oder ein Referat eine neutrale Suchmaschine zu nutzen. Man kann sich prinzipiell so viele Suchmaschinen aufs Smartphone laden, wie man möchte. Am besten hat man zwei oder drei installiert und kann die jeweils passende auswählen.

Übrigens solltest du regelmäßig deine Browserhistorie und die Cookies löschen, um aus der eingeschränkten Informationswelt herauszukommen. Wenn du gleichzeitig Strg, die Umschalttaste und Entf drückst, öffnet sich das Fenster „Browserverlauf löschen". Dort kannst du anklicken, was du löschen möchtest.

Welche ist die perfekte Schulsuchmaschine?

Keine ist die beste, aber einige neutralere Suchmaschinen sind sehr empfehlenswert. Diese haben übrigens einen weiteren Vorteil: Sie gehen mit den Daten nicht so kommerziell um wie z. B. Google.

Startpage by Ixquick: Die niederländische Suchmaschine ist extrem clever. Denn Startpage leitet einfach die Suchanfrage an Google weiter, verrät Google aber nicht, wer dahintersteckt. Sie speichert also weder die IP-Adresse noch Browser oder Suchanfrage. Nicht einmal die NSA (US-Auslandsgeheimdienst) hat bei Startpage Einblick in die Daten des Nutzers.

Eine **IP-Adresse** ist eine Adresse in Computernetzen, die auf dem Internetprotokoll (IP) basiert. Ähnlich wie eine Postanschrift macht sie die angeschlossenen Computer erreichbar, sodass Daten von einem Anwender zum anderen versendet werden können.

Sonderplus: Die Anfragen laufen nur über europäische Server. Laut Stiftung Warentest ist Startpage so diskret wie keine andere Suchmaschine der Welt.

DuckDuckGo: Auch die US-Suchmaschine speichert weder die IP-Adresse noch Suchergebnisse oder Browser. DuckDuckGo liefert damit auch neutralere Ergebnisse als Yahoo oder Google. Sie nutzt wie Startpage ein Top-Verschlüsselungsverfahren. **ABER:** DuckDuckGo ist und bleibt eine Firma, die mit US-Servern arbeitet und damit könnte die NSA Zugriff auf die Daten haben.

Qwant: Diese Suchmaschine kommt aus Frankreich und ist ein echter Hingucker: bunt, cool und einfach attraktiv. Mittlerweile ist Qwant sogar im Chrome-Browser anklickbar. Als europäische Suchmaschine ist Qwant erst seit 2017 in Deutschland abrufbar und liefert erstklassige Ergebnisse.

> Wir sammeln absolut keine persönlichen Daten.
>
> *Éric Léandri, Mitgründer von Qwant*

Damit ist Qwant ebenso wie DuckDuckGo und Startpage eine neutrale Suchmaschine. Allerdings ist die Verschlüsselung der Daten nicht ganz so hoch wie bei den anderen beiden. Außerdem gibt es noch Qwant junior. Wer sich diese Version aufs Handy lädt, ist obendrein vor anstößigen Inhalten geschützt. Das ist besonders empfehlenswert für jüngere Kinder.

Das Wort **Algorithmus** leitet sich vom Namen des arabischen Rechenmeisters Muhammad Ibn Musa Charismi, mittellateinisch „Algorismi" (780–840 n. Chr.) ab. Der Gelehrte lebte in Bagdad (im heutigen Irak) und arbeitete im „Haus der Weisheit". Um ihre Funktionen erfüllen zu können, brauchen Computer Programmierungen beziehungsweise Algorithmen. Diese geben ihnen Schritt für Schritt vor, wie sie bestimmte Daten zu verarbeiten haben. Mittels eines solchen Algorithmus berechnet das Navi beispielsweise den kürzesten oder schnellsten Weg für deine Fahrt.

Die französische Suchmaschine Qwant ist eine gute Alternative zu Google & Co.!

Warum ist Ecosia so attraktiv?

Die ökologische Suchmaschine Ecosia sorgt dafür, dass es mehr Bäume auf der Welt gibt. Schon jetzt betreibt das Berliner Unternehmen alle Ecosia-Suchvorgänge mit 100 % erneuerbarer Energie.

> Da wir unseren eigenen Solarstrom produzieren und unsere Gewinne dazu verwenden, CO_2-bindende Bäume zu pflanzen, ist Ecosia nicht nur „klimaneutral": Eure Suchen entfernen aktiv CO_2 aus der Luft.
>
> *Ecosia*

Rund 80 % der Einnahmen Ecosias fließen in ökologische Projekte. Dabei geht es nicht nur um die Bepflanzung von Flächen in Brasilien, Äthiopien, Kenia, Burkina Faso, Elfenbeinküste oder dem Senegal, sondern auch um grüne Investitionen in Solaranlagen oder Landwirtschaft. Auf der Ecosia-Startseite wird jederzeit angezeigt, was Ecosia mit dem erwirtschafteten Geld macht und wie viele Bäume bereits gepflanzt wurden.

Übrigens: Kooperationspartner für die Suchanfragen ist das Microsoftunternehmen Bing. Somit sind auch die Suchergebnisse top. Ecosia wurde 2009 gegründet und steht auf Platz acht der weltweit meistgenutzten Suchmaschinen, mit einem Marktanteil von 0,1 %.

Mit 45 Suchanfragen finanziert der User bei Ecosia im Schnitt einen Baum.

Wie sucht man nach Fotos?

Mit Suchmaschinen kann man auch Fotos suchen. Denn häufig nutzen Fälscher echte Fotos in falschen Zusammenhängen, auch „Hybrid-Fotos" genannt. Nehmen wir an, das Foto von einem Polizisten, der einen Demonstranten mit einem Stock schlägt, wird Jahre später genutzt, um eine friedliche Demonstration so zu illustrieren, als sei sie unfriedlich verlaufen.

Dieser Lüge kommt man auf die Spur, indem man die „Bilder-Rückwärtssuche" auf Google nutzt: Dafür zieht man in der Bildersuche von Google das Foto ins Suchfeld bzw. schreibt die URL hinein und grenzt über Einstellungen den zeitlichen Rahmen ein. So kann man herausfinden, von wann das Foto stammt.

Ein **Thumbnail** ist die verkleinerte Version eines Bildes, eine Art Platzhalter.

Um „Hybrid-Videos" zu finden, kann man den YouTube DataViewer von *Amnesty International* nutzen. Dort wird sofort gesagt, wann das Video hochgeladen wurde, und es werden die **Thumbnails** samt Links angezeigt.

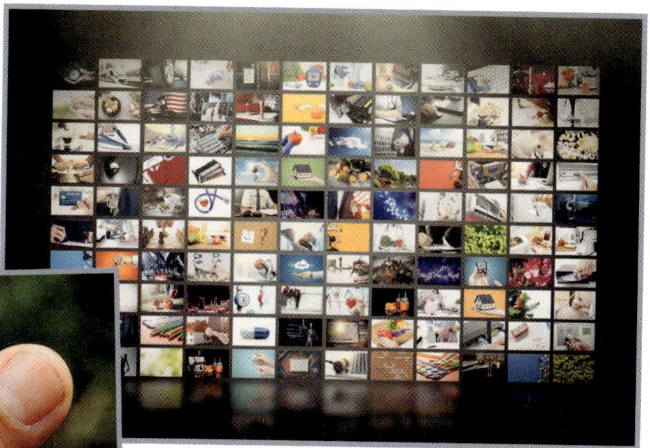

Diese kleinen Bilder sind nur etwa so groß wie ein Daumennagel.

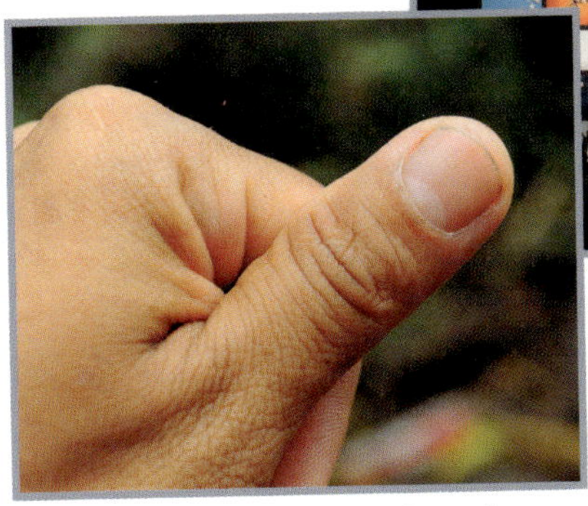

Das englische „thumb" heißt übersetzt „Daumen".

Wie googelt man effektiver?

AND

Schreibst du ins Suchfeld **Biene AND Honig**, so wird dir Google nur die Seiten zeigen, auf denen beide Begriffe auftauchen.

OR

Setzt du OR zwischen die Wörter, so sucht die Suchmaschine alle Seiten, in denen jeweils nur eines der beiden Wörter vorkommt.

-

Ein Minuszeichen sorgt dafür, dass ein Begriff ausgeschlossen wird. Suchst du beispielsweise ausschließlich nach einer Seite über Bienen, willst aber nichts mit Honig wissen, gibst du als Suchanfrage **Biene-Honig** ein.

„…“

Wenn du einen Song suchst, aber nur den Refrain oder einen Teil des Textes kennst, kannst du diesen Text in Anführungszeichen setzen. Google sucht dann nach genau dieser Wortreihenfolge. Die Suchanfrage **„Baby bitte mach“** führt beispielsweise zu dem Song „Einmal um die Welt“ von Cro.

define

Wenn du wissen willst, was ein Wort genau bedeutet, dann kannst du define: und danach das gesuchte Wort in das Suchfeld schreiben. Wenn du beispielsweise **define: Hund** schreibst, werden dir alle Definitionen von Wikipedia bis hin zu Duden oder dem Urban Dictionary aufgelistet.

*

Suchst du nach einem bestimmten Zitat oder Titel, erinnerst dich aber nur noch an Teile davon, kannst du ein Sternchen als Platzhalter verwenden, beispielsweise **Harry * Stein ***. Du erhältst dann Links zu „Harry Potter und der Stein der Weisen“.

Wer etwas im Internet sucht, tut das meist über Google. Dabei kommen häufig auch Ergebnisse, mit denen du nichts anfangen kannst. Um deine Suche gezielter zu gestalten, solltest du sie eingrenzen. Folgende Suchoperatoren von Google können helfen:

Neben den Suchoperatoren helfen dir auch die Google-Filter, um gezielt nach Bildern, News, Maps (Karten), Videos, Shoppingtipps, Büchern und anderen Dingen zu suchen. Die Filter findest du in der Spalte unterhalb des Suchfeldes. Sehr hilfreich ist auch der Reiter „Tools". Mit ihm kannst du die Suche in verschiedenster Weise eingrenzen, zum Beispiel zeitlich auf die letzten 24 Stunden oder die letzte Woche oder örtlich auf ein bestimmtes Land beziehungsweise eine bestimmte Sprache. Unter dem Reiter „Einstellungen" kannst du grundsätzliche Funktionen der Google-Suche bearbeiten.

Falls du über das Netz nach Bildern suchst oder etwas über ein Bild wissen möchtest, wähle den Google-Filter „Bilder". Rechts neben dem Suchfeld siehst du ein Kamerasymbol – klicke darauf. Du hast zwei Möglichkeiten: Du kannst ein Bild von deinem Computer ins Suchfeld hochladen oder die URL des Bildes in das Suchfeld einfügen. Google sucht nun das Netz nach diesem und ähnlichen Bildern ab und bietet dir beispielsweise bei Darstellungen von Personen Namen an, die zu der abgebildeten Person passen könnten, oder zeigt dir, von welcher Internetseite dein Bild ursprünglich stammt.

Nachrichten, Journalisten und Blogger

„Die Nachrichtensprecherin redet so steif, als hätte sie einen Stock im Hintern", provoziert Lio seine Schwester Emily, die für einen Politiktest die Tagesschau gucken soll. „Sie spricht schließlich über Politik und labert nicht nur wie Monte", antwortet Emily. MontanaBlack ist Lios Lieblings-YouTuber. „Trotzdem kennt der sich aus", erwidert ihr Bruder. „Ja, mit Zocken", kontert sie.

Warum tragen Nachrichtensprecher Anzug?

Nachrichtensprecher im Fernsehen sprechen Hochdeutsch, schauen ernst drein und tragen meist Business-Klamotten. Sie wirken seriös wie Bankangestellte, denn sie handeln mit einer wertvollen Ware: den Nachrichten. Diese sind der Kern des Journalismus und ein Kern der Demokratie.

Wir brauchen Journalisten, die uns möglichst wahrheitsgetreu informieren, damit wir uns selbst ein Urteil bilden können. Erst kommt die blanke Information (Meldung und Nachricht), dann die genaue Einordnung wie in einem Bericht und dann erst der Kommentar. Jeder darf sich Journalist nennen, aber wer das tut, der sollte sich an Regeln halten. Sie stehen im Pressekodex, dem obersten moralischen Gesetz für Journalisten.

Nachrichtensprecher und Nachrichtensprecherin. Immer seriös gekleidet wie Bankangestellte, denn Nachrichten sind eine wertvolle Ware.

Die **Nachricht** ist eine Mitteilung über ein aktuelles Ereignis, das für den Leser, Zuschauer oder Hörer von Interesse und von allgemeiner Bedeutung ist. Sie sollte klar, wahrheitsgemäß und verständlich sein, nicht wertend und möglichst kurz.

Was ist im Pressekodex geregelt?

Der Pressekodex umfasst insgesamt 16 Punkte:

* Wahrhaftigkeit
* Achtung der Menschenwürde
* Sorgfalt, Richtigstellung, Grenzen der Recherche
* Berufsgeheimnis
* Trennung von Tätigkeiten
* Trennung von Werbung und Redaktion
* Unbestechlichkeit
* Persönlichkeitsrechte
* Schutz der Ehre
* Religion und Weltanschauung
* Sensationsberichterstattung und Jugendschutz
* Diskriminierungen
* Unschuldsvermutung
* Medizin-Berichterstattung
* Vergünstigungen
* Rügenveröffentlichung

Wer ist ein seriöser Journalist?

Ein seriöser Journalist sollte auf alle Fälle nach Wahrheit streben. Im Pressekodex wird gleich zu Beginn von Journalisten gefordert, dass sie sich der Wahrhaftigkeit verpflichtet fühlen.
Wenn ein Journalist also aus dem Fenster sieht und es regnet, schreibt er: „Es regnet." Auch wenn sein Chef es nicht will oder ein Politiker das Gegenteil behauptet.

DAS ZIEL des Journalisten ist WAHRHAFTIGKEIT, das STREBEN NACH WAHRHEIT.

Meist jedoch ist das mit der Wahrheit nicht so einfach, deshalb recherchiert der Journalist, befragt Fachleute und lässt verschiedene Experten und Politiker zu Wort kommen. Letzteres ist aber nicht immer zielführend und bringt manchmal Probleme mit sich, weil einige Politiker absichtlich lügen, um z. B. vor einer anstehenden Wahl möglichst viele Wählerstimmen zu gewinnen.

Journalisten, die bei **öffentlich-rechtlichen Sendern** arbeiten, haben es besonders schwer, denn sie sind dazu angehalten, die Meinungsvielfalt abzubilden. Sie müssen sich fragen: Lade ich einen Lügner in die Talkshow ein, der das Corona-Virus oder den Klimawandel leugnet, oder nicht?

Übrigens: Sollte es einmal vorkommen, dass ein Journalist die Unwahrheit sagt, so muss er sie laut Pressekodex wieder richtigstellen.

Die Journalisten in Deutschland genießen einen besonderen Schutz: Ihre Pressefreiheit ist in **Art. 5 des Grundgesetzes** geregelt. Dort heißt es in Absatz 1: „Die Pressefreiheit und die Freiheit der Berichterstattung durch Rundfunk und Film werden gewährleistet. Eine Zensur findet nicht statt." Das erste Gesetz zur Abschaffung der Zensur wurde übrigens 1695 in England eingeführt.

Was ist eine Nachricht?

Generell kann zwischen Meldung und Nachricht unterschieden werden. Eine Meldung ist kurz und informiert darüber, was wann und wo passiert ist. Manchmal ist eine Meldung nur einen Satz lang. Etwas länger hingegen ist die Nachricht. In ihr werden die sieben W-Fragen beantwortet:

* Wer?
* Was?
* Wann?
* Wo?
* Wie?
* Warum?
* Und woher stammt die Information?

Über der Meldung steht die Überschrift (englisch: „head"). Sie soll die Aufmerksamkeit des Lesers und Hörers wecken. Die wichtigsten und neuesten Fakten stehen sachlich aufgeführt ganz am Anfang der Nachricht, danach folgen nicht ganz so wichtige Fakten. Diesen Aufbau nennt man „Pyramidenaufbau". In Zeitungen hat er den Vorteil, dass der Journalist die Nachricht schnell kürzen kann, indem er einfach am Ende Sätze streicht. Der Kern der Nachricht bleibt trotzdem erhalten.

Wann ist eine Neuigkeit eine Nachricht wert?

Die oberste Regel für eine Nachricht lautet: Es muss nicht nur etwas passieren, sondern die Neuigkeit muss das Interesse des Publikums wecken. Das hängt häufig davon ab, wann und wo sich etwas ereignet und ob es uns direkt betrifft. So werden Schülerinnen und Schüler brennend an der Nachricht interessiert sein, ob morgen hitzefrei ist, aber nicht daran, dass vor zig Jahren der 1. FC Köln mal Deutscher Meister war – außer man ist 1.-FC-Köln-Fan. Auch interessiert uns der schwere Verkehrsunfall in Usbekistan meist weniger als der vor der eigenen Haustür.

> „Wenn ein Hund einen Mann beißt, ist das keine Nachricht, weil es oft passiert. Aber wenn ein Mann einen Hund beißt, ist es eine Nachricht."
>
> *John B. Bogart, der Herausgeber der New York Sun, Ende des 19. Jahrhunderts*

Der **JOURNALIST** muss entscheiden, wie wichtig die **NACHRICHT** für sein **PUBLIKUM** ist.

Das hängt obendrein noch von der Nachrichtenlage ab. Passiert wenig, kann es eine kleine Nachricht schon in die Zeitung oder ins Fernsehen schaffen, passiert gerade viel, so wird diese Nachricht von wichtigeren verdrängt.

Um Informationen zu verpacken, nutzen Journalisten verschiedene **Textformen**. Es gibt Meldungen (kürzeste journalistische Textform), Nachrichten, Berichte (länger als eine Nachricht, möglichst neutral zu einem bestimmten Ereignis), Kommentare (hier findet die Meinung des Journalisten ihren Platz), Reportagen (in einer Mischung aus Informationen und eigenem Eindruck erzählt der Journalist von Selbsterlebtem) und Interviews.

Wie arbeitet eine Redaktion?

Bevor die Nachrichtensprecherin die Nachricht vortragen kann, hat die Redaktion schon für sie die Fakten gesammelt und diskutiert. Eine Redaktion besteht aus mehreren Journalisten (Redakteuren), die im Team Neuigkeiten auswählen und sie weiterverarbeiten. Es gibt auch Reporter, die vor Ort recherchieren, um die Informationen für die Zeitung oder den Sender aus erster Hand zu bekommen. Sie führen Interviews, Lifereportagen durch und filmen das Geschehen. Jeder in der Redaktion hat seine Aufgabe, nutzt Kontakte zu Politikern und Fachleuchten, und viele Redakteure haben noch eine Spezialausbildung.

Am Ende segnet die Chefredaktion (Chefredakteur und Vertreter) den Beitrag ab. Sie ist verantwortlich für die vermittelten Inhalte. Wer Chefredakteur oder Chefredakteurin ist, steht im Impressum der Zeitung oder auf der entsprechenden Homepage des Senders.

Um eine Nachricht vortragen zu können, bedarf es vieler Helfer im Hintergrund.

Der Begriff **Impressum** kommt aus dem Lateinischen und heißt „Aufgedrücktes". In ihm steht, wer für den Inhalt verantwortlich ist. Es ist gesetzlich vorgeschrieben, dass Bücher, Internetseiten, Zeitungen etc. ein Impressum enthalten. In ihm sind zum Beispiel Daten über den Verlag, den Autor, den Herausgeber oder die Redaktion enthalten. Manchmal finden sich dort auch Informationen über das Erscheinungsjahr oder den Erscheinungsort.

Welche sind die ewigen Themen?

In einer Zeitung oder einem Sender arbeiten oftmals unterschiedliche Spezialisten. Denn es gibt einige Themen, die einfach immer gefordert werden: Politik, Wirtschaft, Kultur, Lokales und Sport. Zudem sind auch unterhaltsame Sparten beim Publikum beliebt, wie etwa Beautytipps, Kochrezepte oder Autotests. Meist sind die Redaktionen einer Zeitung oder eines Senders gleich auch in entsprechende Ressorts unterteilt: Beim Sport sitzen die Sportjournalisten, in der Politik die Politikjournalisten usw. Solche Redakteure haben sich neben ihrer journalistischen Ausbildung entweder in das Thema eingearbeitet oder das Fach sogar studiert (wie etwa Wirtschaft, Sport oder Politik).

Besonders beliebt sind die Sportteile der Zeitungen, die beispielsweise von Fußballspielen berichten.

Journalisten laden regelmäßig Politiker zu **Bundespressekonferenzen** ein. Das ist in keinem anderen Land der Welt so. In den USA z. B. werden die Journalisten vom US-Präsidenten nach Washington eingeladen. Er entscheidet, wann die Konferenz beginnt und wann sie endet. Bei der 1953 in Deutschland gegründeten Bundespressekonferenz hingegen dürfen kritische Journalisten Politikern unliebsame Fragen stellen. Damit Politiker und Journalisten in der Konferenz gut zusammenarbeiten, ist es erstens wichtig, dass sie ausführlich fragen und antworten dürfen, und zweitens, dass eine gewisse Vertraulichkeit untereinander herrscht. Dafür gibt es einen Gesprächskodex, der auch sonst im Journalismus eingehalten werden sollte.

Wozu gibt es Nachrichtenagenturen?

Nutzer, sogenannte Blogger, führen auf einer Internetseite eine Art öffentliches Tagebuch, einen **Blog**. Darin werden Meinungen und Erlebnisse persönlich kundgetan (gebloggt).

Die Zeitungen und TV-Sender können nicht immer überall sein. Das wäre einfach zu teuer. Deshalb gibt es Agenturen, die gleich mehrere Zeitungen, Radio-, TV-Sender und auch **Blogger** bedienen. Du liest in einer Zeitung ihre Kürzel wie dpa. Das steht für „Deutsche Presseagentur".

Die französische Agence France-Presse wird AFP abgekürzt, die österreichische Austria Presse Agentur APA, die schweizerische heißt Keystone-SDA, und ganz berühmt ist die US-amerikanische Associated Press, kurz AP. Daneben gibt es noch Spezialagenturen wie die Katholische-Nachrichten-Agentur (KNA) oder den Sport-Informations-Dienst (SID).

Sie alle stehen oft am Anfang der Informationskette, wenn es um die Übermittlung von Nachrichten geht. Sie besitzen damit großen Einfluss und müssen extrem sorgfältig arbeiten. Denn wenn sie einen Fehler begehen, steht er womöglich am nächsten Tag in vielen Zeitungen und kommt so auch ins Fernsehen.

Das Akronym dpa steht für Deutsche Presseagentur.

Ist der Blogger ein Journalist?

Zwischen einem Journalisten und einem Blogger zu unterscheiden, ist schwierig. Für die Richter am Europäischen Gerichtshof für Menschenrechte hat ein Blogger, der zu Debatten (Streitgesprächen) von öffentlichem Interesse beiträgt, den gleichen Schutz wie jeder Journalist.

Dabei wird er jedoch daran gemessen, ob er folgende Punkte erfüllt:

1. Gründliche Recherche
2. Achtung der Privatsphäre – auch von Personen des öffentlichen Lebens
3. Ausgewogene Darstellung von Tatsachen
4. Verantwortungsvoller Umgang mit vertraulichen Dokumenten
5. Richtigstellung falscher Behauptungen

Nicht jeder Blogger ist ein Journalist.

Ein wichtiges Unterscheidungsmerkmal zwischen einem Redakteur in einer Zeitungs-, Radio- und TV-Redaktion und Politik-YouTubern wie LeFloid und Rezo ist, dass sie stark mit ihrer Meinung hervortreten. Sie beziehen klar Stellung und nehmen kaum ein Blatt vor den Mund.

Der Unterschied äußert sich nicht zuletzt auch im Erscheinungsbild: Während der Nachrichtensprecher hinter seiner Nachricht zurücktritt und auch optisch sehr seriös und professionell neutral auftritt, wirkt der YouTuber oft kumpelhaft und trägt legere Kleidung. Ab und an hat er sogar einen Shop, in dem man seine Kleidung kaufen kann.

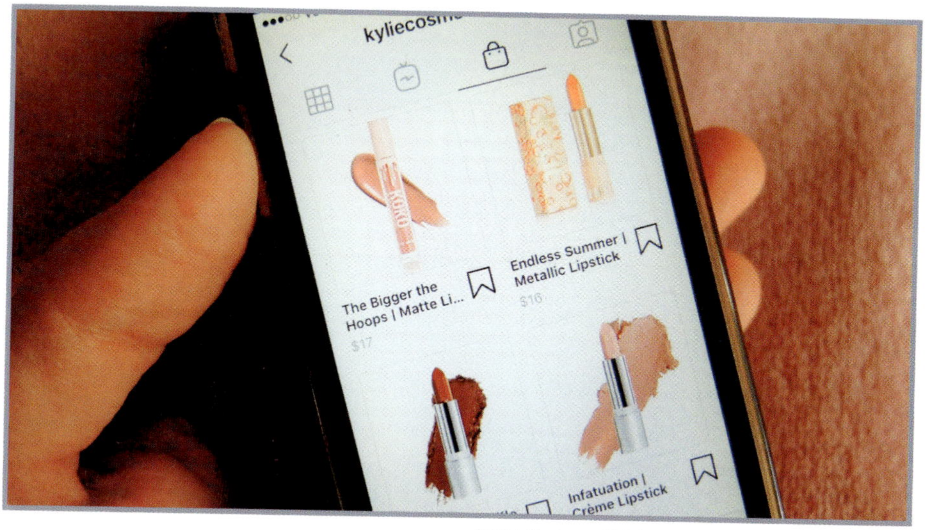

Auch auf Instagram bietet so mancher Blogger Dinge zum Kauf an.

Im Gegensatz zu vielen Journalisten haben Blogger keine Ausbildung (Volontariat) in einer Zeitung oder in sonstigen Medienanstalten durchlaufen. Sie berufen sich in ihrer Arbeit auf Artikel 5 des deutschen Grundgesetzes, wonach jeder seine Meinung frei äußern darf:

> „Jeder hat das Recht, seine Meinung in Wort, Schrift und Bild frei zu äußern und zu verbreiten (...).“
>
> *Artikel 5 Grundgesetz, Absatz 1*

Von der Nachricht zum Kommentar

← objektiv
blanke Informationsweitergabe

Meldung

Kürzeste Form. Es wird kurz vermeldet, was, wann und wo passiert ist.

Nachricht

Kurze Information zu den W-Fragen: Was? Wann? Wo? Wie? Warum?

Bericht

Länger als Nachricht. Hintergrundinformationen, Einzelheiten, Geschehen wird eingeordnet.

subjektiv →

Journalistin oder Journalist mit persönlicher Meinung

Interview

Eine Journalistin oder ein Journalist befragt Expertinnen, Politiker, Sportlerinnen, Passanten, etc.

Reportage

Es wird über ein selbst erlebtes Ereignis berichtet. Oft ein Mix aus Kommentar und Information.

Kommentar/ Meinung

Die Meinung der namentlich genannten Autorin oder des Autors steht im Vordergrund. In Live-Sendungen reagieren die Kommentatoren und Kommentatorinnen oft spontan und können ihre Meinung nicht abwägen.

BIG DATA, BIG MONEY UND DU

Stell dir vor, du bummelst durch die Geschäfte, schaust dir Sachen an, und ständig steht jemand hinter dir, beobachtet, was du kaufst und anfasst, und schreibt alles auf. Dann schlägt er dir noch vor, was du kaufen solltest. Genau das tut Amazon – eben nur online.

Warum schlägt YouTube diese Videos vor?

Wer sich im Netz bewegt, hinterlässt Informationen: Wann er auf einer Seite war, wo, wie lange, ob er jemanden getroffen hat, wann sein Handy ausgeschaltet war, welchen Film er geschaut hat, welche Szenen davon zweimal – Daten über Daten. Das nennt sich Big Data.

Diese sind wichtig für das Deep Learning (Tiefenlernen). Dabei wird das Programm mit unseren Daten gespeist, um unser Verhalten vorherzusagen. YouTube schlägt mit diesem Empfehlungsalgorithmus dann Videos vor, Netflix Filme und Amazon vielleicht Pömpel, wenn man gern Super Mario spielt.

Algorithmen sind Schritt-für-Schritt-Anleitungen, in etwa vergleichbar mit einem Rezept für einen Kuchen. Wie weit das gehen kann, zeigt folgender Fall: Eine Frau kauft erstmals unparfümiertes Shampoo und Wattebäusche im Supermarkt – und tut dies nun häufiger. Auch sonst ändert sie ein wenig ihr Kaufverhalten. Neun Monate später kauft sie Windeln fürs Neugeborene. Wenn sich viele Frauen ähnlich beim Einkauf in den Monaten vor der Geburt verhalten, kann man sich darauf verlassen, dass der Algorithmus Frauen mit einem solchen Warenkorb künftig automatisch nach einigen Monaten Windeln anbietet.

Warum soll man seine Daten nicht abgeben?

„Das ist doch super“, meinen einige Leute und freuen sich über die Werbung. Manche verlangen es sogar, zur richtigen Zeit das richtige Produkt angeboten zu bekommen. Daher sei es ihnen egal, welche Daten Amazon, Facebook, TikTok, WhatsApp & Co. sammeln.

Ein Logo für Privatsphäre – hier sind deine Daten besonders geschützt.

Kritiker hingegen fürchten, dass die **Privatsphäre** des Nutzers ausspioniert wird, die Daten gegen ihn verwendet werden oder man es später bereuen wird, was man heute privat im eigenen Zimmer gesagt hat, weil eine andere Regierung an die Macht kommt oder man in ein Land fliegt, über dessen Präsidenten oder Kanzler man mal gelästert hat. Meistens sagen wir: „Ach, das betrifft mich doch nicht.“ Kritiker sagen:

„Noch nicht, aber denk darüber nach, ob es dich nicht irgendwann betreffen kann.“

Sind persönliche Daten wie Namen, Telefonnummern, Bilder oder auch Bankdaten einmal öffentlich ins Internet gestellt, sind sie weltweit zugänglich und lassen sich nur schwer wieder löschen. Deshalb sollte man unbedingt die Einstellungen aufrufen und prüfen, ob die eigene Privatsphäre besonders geschützt ist.

Unter **Big Data** versteht man Massendaten. Die Firmen und Staaten sammeln Daten im Netz, die von uns preisgegeben werden. Das ist eine große Menge – daher das Wort „big“. Die Unternehmen nutzen häufig diese Daten, um das Verhalten vorauszusehen und so gezielt Produkte anzubieten. Staaten nutzen diese Daten oft zur Kontrolle. Dabei kann es sein, dass es ein ausländischer Staat ist, der die Daten sammelt.

Was ist eine Filterblase?

Was heißt es, in einer „Filterbubble" gefangen zu sein? Der Algorithmus lernt durch Anfragen im Netz, durch die Likes, durch gesehene YouTube-Filme, durch alles, was angeklickt wird – und bietet dann an, was den Nutzenden interessieren könnte. Der Rest wird ausgefiltert. So entsteht eine digitale Welt, in der man sich wohlfühlt. Und irgendwann glaubt man dann, dass alle die gleiche Meinung und denselben Geschmack haben wie man selbst.

Der Begriff „Filterblase" stammt von dem US-Amerikaner Eli Pariser. Er hatte auf Facebook sowohl Freunde von der Partei x wie von der Partei y. Als er nun mehrmals die Partei x anklickte, bekam er die y-Posts nicht mehr angezeigt. Nehmen wir mal an, die Partei x sei eine Umweltschutzpartei und die Partei y eine, die eher für das Gegenteil steht. Nun googelt sowohl ein Anhänger von x als auch jemand von y die Ölfirma bp. Was passiert? Der x-Fan erfährt eher, welche Umweltschäden bp schon verursacht hat, der y-Fan, welch einen Super-Treibstoff bp produziert.

Wer sich in sozialen Netzwerken mit Gleichgesinnten umgibt, kann eine verengte Weltsicht bekommen. Denn er findet in diesem Umfeld immer wieder die Bestätigung (das **Echo**) der eigenen Meinung und erhält den Eindruck, dass die meisten Menschen eine ähnliche Sicht der Dinge wie er selbst haben.

Häufig fällt im Zusammenhang mit Filterblase auch der Begriff **Echokammer**. In der Echokammer passiert Folgendes: Wir liken bestimmte Leute und befreunden uns mit denjenigen, die ähnlich wie wir denken und fühlen. Die schicken dann wiederum Fotos, die man womöglich gut findet, oder liken ähnliche **Posts**. Am Ende ist der Effekt ein ähnlicher wie bei der Filterblase: Engstirnigkeit und Ichbezogenheit.

Posten kommt vom englischen „to post", also „abschicken". Veröffentlichte Kommentare, Bilder oder Videos werden Posts genannt.

Das Bild auf der rechten Seite veranschaulicht auf einprägsame Weise das Dilemma: Im Zentrum stehen wir und unser Umfeld, das durch die fehlenden Facetten der sonstigen Außenwelt einfarbig und recht trist wirkt.

Was kann man gegen Filterblase und Echokammer tun?

Das Wort „Echo" in Echokammer trifft es gut, denn man postet in den digitalen Wald hinein, und es kommt genau das Echo zurück, das man erwartet. Bei **Pippi Langstrumpf** klingt das so:

> Ich mach mir die Welt, wie sie mir gefällt!
>
> *Pippi Langstrumpf*

Pippi Langstrumpf
ist bekanntermaßen eine Romanfigur der schwedischen Kinderbuchautorin Astrid Lindgren (1907–2002). Pippi konnte einfach alles, sogar mit dem Auto fliegen und ein Pferd stemmen.

Das Problem ist, dass es keinen weiterbringt, wenn nur ständig die eigene Meinung gespiegelt wird.

Es fördert vielmehr ENGSTIRNIGKEIT und ICHBEZOGENHEIT.

Seit es Smartphones gibt, ist das Problem Echokammer stetig gewachsen, weil man sich ständig und überall Bestätigung holen kann.

Zusammengenommen sind Filterblase und Echokammer so etwas wie ein persönliches Informationsuniversum, in dem jeder lebt und durch das die eigene Meinung und das Denken geprägt werden.

Wir Menschen haben einen inneren Drang danach, unsere Meinung bestätigt zu sehen. Kämpf dagegen an, bleib offen für andere Sichtweisen. Es gibt hinter deinem Horizont weitere vielfältige Welten, die dich auf neue Ideen bringen können. Je weniger offen du bist, desto mehr begrenzt der Filter der Algorithmen deine Welt.

Übrigens: Auch die Wahl der Suchmaschine kann helfen. DuckDuckGo und Startpage merken sich das Suchverhalten nicht.

Was ist das „Internet der Dinge"?

Immer mehr Gegenstände des Alltags sind miteinander oder mit uns übers Internet verbunden. Die Bezeichnung dafür heißt „Internet der Dinge". So sagt der Kühlschrank, ob Milch fehlt, und schickt uns zum Einkaufen, oder die **Smartwatch** teilt mit, wenn man sich zu wenig bewegt. Auch unsere Autos sind schon längst zu rollenden Computern geworden: Während sich in einem Handy nur rund 20 Sensoren und Kameras befinden, sind es in neueren Automodellen schon 120.

Wearables (engl. für „Tragbare") – damit sind **Smartwatch**, Datenbrille, Smartband oder der Chip im T-Shirt gemeint. Eben alle Minicomputer, die man bei sich trägt.

Eine Smartwatch kann sehr praktisch sein. Gleichzeitig können Unternehmen mit ihr eine Unmenge an privaten Daten in Erfahrung bringen.

Kameras im Armaturenbrett warnen den Fahrer davor einzuschlafen, weil sie seine Augen bewachen, oder beobachten den Parkraum (Einparkhilfe). Es gibt auch welche, die den „toten Winkel" im Blick haben, und Sensoren merken sich, wann es regnet.

Wem gehören all diese Daten? Noch ist das ungeklärt, aber schon wollen Firmen mit ihnen handeln. Außerdem macht diese Vernetzung natürlich anfällig für Sicherheitslücken. All diese zusätzlichen Möglichkeiten erleichtern uns das Leben, wir müssen sie aber vielleicht mit einem hohen Preis bezahlen.

Wie werden Meta & Co. immer reicher?

Früher haben die mächtigen Firmen der „Old Economy" (dt. „Alte Wirtschaft") Autos, Kleidung oder Waffen produziert, heute handeln die Hightechfirmen mit Daten. Das nennt sich „New Economy" („Neue Wirtschaft").

Der Vorteil der „New Economy"-Unternehmen: Ihre Produkte wiegen nichts und müssen nicht aufwendig transportiert werden. Gleichzeitig kostet der Rohstoff „Daten" nichts. Schließlich geben wir sie ihnen kostenlos. Oftmals haben sie Zugriff auf das Adressbuch (WhatsApp) und häufig auch auf deine eigenen Bewegungs- oder Einkaufsdaten.

Je mehr wir am Tag surfen, chatten oder auf Instagram unterwegs sind, desto mehr Daten über uns fallen an. Diese Daten können Firmen wie Meta & Co. nutzen, um beispielsweise für bestimmte Produkte gezielt zu werben.

Wichtig ist für Firmen der New Economy, dass sie preiswert an Daten gelangen und sie teuer verkaufen können. Wer die Geschäftsbedingungen von WhatsApp und Instagram akzeptiert, schenkt diesen Diensten quasi seine Daten. Billiger kann kein Rohstoff erworben werden.

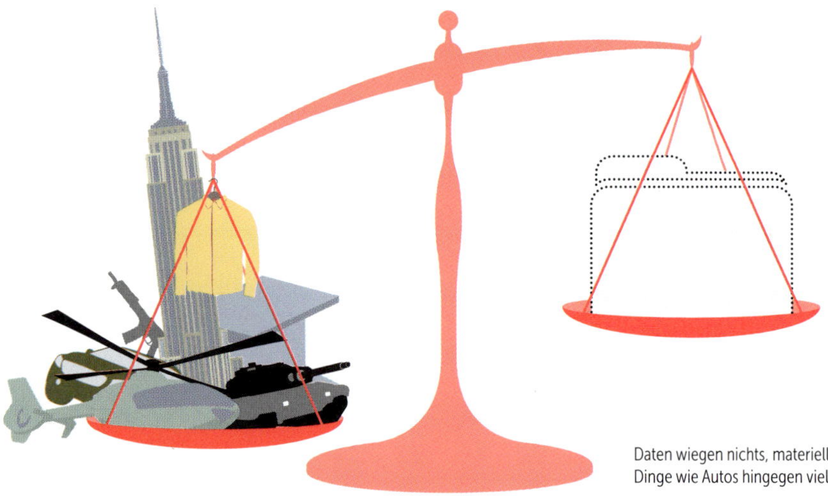

Daten wiegen nichts, materielle Dinge wie Autos hingegen viel.

Was ist die Amazonisierung der Welt?

Amazon mit seinem Gründer Jeff Bezos profitierte extrem in der Corona-Krise, weil mehr Kunden online kauften. Der Konzern ist der größte Buchhändler der Welt, besitzt die größte Biomarktkette, eine eigene Flugzeugflotte, verkauft Versicherungen, hat Modelabels, Cloudservices, produziert Filme, besitzt die Zeitung Washington Post, ist Verlag und bastelt am Urlaub im All.

Zusätzlich besitzt er jetzt auch noch eigene Supermärkte. Dort muss man nicht mehr an der Kasse anstehen. Am Eingang zieht man kurz sein Handy übers Auslesegerät. Ab da registrieren winzige Kameras, welches Produkt aus dem Regal geholt, wieder hingestellt und am Ende eingepackt wird. Verlässt man den Laden, wird das Geld vom Konto abgebucht.

Je mehr Amazon sein Geschäft erweitert, desto mehr Daten erhält der Konzern – und desto mehr Macht hat er.

Amazon besitzt sogar eine eigene Supermarktkette, die Daten generiert.

Was passiert, wenn Politik die Daten nutzt?

Wer Daten hat, hat Macht, denn er kann seine Bevölkerung kontrollieren. In China versucht die kommunistische Partei über ein Sozialkredit-System, seine Bürger zu erziehen. Wenn man bei Rot über die Ampel geht, bekommt man Punkte von einem Konto abgezogen. Wenn man in einer Gruppe für die Gemeinschaft arbeitet, erhält man Pluspunkte. Wer nicht genug Pluspunkte hat, darf das Land nicht verlassen, kann im Betrieb nicht aufsteigen, und wer die kommunistische Partei scharf kritisiert, bekommt sowieso Probleme.

Die Kommunistische Partei Chinas will über ein Sozialkredit-System seine Bürger erziehen.

Daten zur Kontrolle gibt es reichlich: Es ist nicht nur das Handy in der Hosentasche, das alles registriert, sondern es gibt in China Unmengen von Kameras in den Städten, die mittels Gesichts- und Bewegungserkennung jeden kontrollieren. Auch fahren bereits Autos durch die Straßen, die Gespräche mit Richtmikrofonen aufnehmen, oder es werden direkt Mikrofone an Häusern installiert. Gesichter können so den Gesprächen zugeordnet werden.

In Europa und den USA sind daher viele Politiker skeptisch, wenn es um Mikrochips „made in China" oder Apps wie TikTok und WeChat geht. Sie befürchten, dass Privatpersonen, oder auch deutsche, Schweizer oder österreichische Firmen und Politiker oder Rechtsanwälte usw., ausspioniert werden.

Was tun gegen Datenklau?

Wenn du nicht möchtest, dass dir jemand deine Daten stiehlt, dann gib sie nicht ins Internet! Das ist eine einfache Regel. Man sollte also aufpassen, nicht zu viel von sich preiszugeben.

Zudem gibt es die Möglichkeit, ein Alarmsystem plus Schutzzaun einzubauen. Es nennt sich „Sicherheitspaket“. Der Kern des Pakets ist eine Firewall (Brandmauer). Sie ist der Filter zwischen einem lokalen Netzwerk (z. B. PC) und dem Internet. Eine Firewall prüft, welche Programme aus dem Netz auf den eigenen Rechner zugreifen möchten – und erlaubt oder verbietet dies. So soll man vor schädlicher Software (Malware) geschützt werden, wie z. B.:

- **VIRUS:** Dringt in den Computer ein, beschädigt/verändert Dateien und legt immer neue Kopien von sich selbst an (repliziert sich).
- **TROJANER:** Öffnet eine Hintertür zum Computer. Durch diese kann weitere Malware eindringen und persönliche Informationen stehlen.
- **ROOTKIT:** Verhindert, dass man illegale Zugriffe auf den Computer bemerkt. Es ist die Tarnkappe für den Hacker.
- **RANSOMWARE:** Auch Erpressungssoftware, Verschlüsslungs- oder Kryptotrojaner genannt: Sie verschlüsselt die eigenen Daten, sodass man selbst nicht mehr darauf zugreifen kann.
- **ADWARE:** Software, die zur Werbung eingesetzt wird. Oftmals gelangt sie über heruntergeladene Programme ins System. Verhindern lässt sich das, indem man nicht alle Komponenten eines zu ladenden Programms zulässt.
- **SPYWARE:** Spionagesoftware, die oft von Staaten eingesetzt wird.

Das Internet der Dinge

So viele Dinge sind bereits im Netz und verbinden sich mit uns und anderen Dingen und der Welt. Dabei können die Dinge bereits schneller kommunizieren als der Mensch. Sie lernen in der Zukunft voneinander, egal ob Bus oder Kühlschrank, Toaster oder Klimaanlage. Die Daten fließen durch alles.

MESSENGER: MUSS ES IMMER WHATSAPP SEIN?

Frage: Warum nutzen alle WhatsApp? Antwort: Weil alle WhatsApp nutzen. Es gibt also gar keinen besonderen Mehrwert? Nicht wirklich. Deshalb probieren nun mehr und mehr Leute Messenger wie Signal, Threema oder Telegram. Und dafür gibt es gute Gründe.

Was ist ein Messenger?

Direkt übersetzt heißt das Wort Messenger „Bote". Genau wie es den Post-, den UPS- oder den Hermes-Boten gibt, gibt es auch Messengerdienste wie WhatsApp, Threema, Signal, Telegram, Messenger, WeChat und andere. Man kann mit ihnen Nachrichten schreiben, telefonieren, videotelefonieren, Fotos und Videos verschicken oder sich in Gruppen organisieren. Wichtig bei der Wahl des Messengers ist seine Bedienfreundlichkeit und vor allem die Datensicherheit. Schließlich gibt man in den Gesprächen sehr viel von sich preis.

Es gibt Gesetze zum Datenschutz. Aber du kannst dich auch selbst schützen, indem du nicht immer alle Cookies zulässt. Pass auch auf, dass du so wenige Informationen wie möglich über dich im Netz preisgibst. Und: Deck deine Kamera ab, damit du nicht dadurch beobachtet werden kannst.

Warum sind Messenger-Daten so wertvoll?

Wir quatschen, diskutieren, verabreden, streiten und verlieben uns in Chats, schicken Fotos und Videos und äußern Dinge, die wir sonst nicht öffentlich sagen würden. Das sind Daten, die es zu schützen gilt. Schließlich will niemand, dass andere davon Wind bekommen.

Wer aber will diese Daten überhaupt?

Hacker verschaffen sich unerlaubten Zugang zu anderen Computern und Handys. Sie sind mit Dieben vergleichbar.

Kritiker fürchten, dass Messengerdienste ihre Kunden ausspionieren, um die Daten weiterzuverwerten. Weitere Angreifer kommen von außen: Das könnten **Hacker**, Polizei und Geheimdienste sein, die zu Kontrollzwecken auf private Daten zugreifen möchten.

Kritiker sind vor allem bei dem chinesischen WeChat skeptisch, da in China die Abgrenzung von Privatunternehmen und staatlicher Kontrolle schwierig ist.

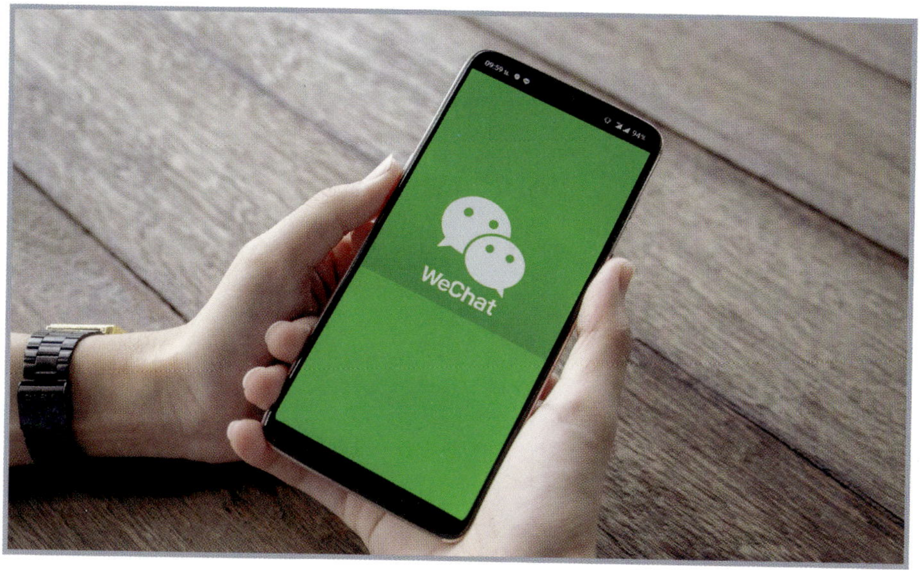

Das chinesische WeChat wird kritisch gesehen.

Was sind Metadaten?

Erhält man eine Nachricht, so interessiert normalerweise, was die Person sagt. Doch darüber hinaus fallen noch viele andere Daten an. So etwa der Standort, der Sender, also mit wem man chattet, welches Handy man benutzt oder die Größe der Datei. Solche Metadaten sind oft nicht verschlüsselt, sondern dem Anbieter zugänglich.

Aus diesen Daten können Dinge herausgelesen werden. Die Größe der Datei sagt etwas darüber aus, ob es sich um ein Foto oder ein Video handelt, auch kann der Anbieter sehen, mit wem und wann man sich unterhält. Es ist ein bisschen wie bei einem Brief: WhatsApp öffnet den Brief nicht, weiß aber, wer ihn geschickt hat (Absender), wann er geschickt wurde (Poststempel), an wen (Adressat) und wie schwer der Inhalt ist (Gewicht).

Nutzern von Messengern ist häufig gar nicht bewusst, wie viel sie über Metadaten von sich verraten.

Sie sind nicht offensichtlich zu sehen, und deshalb denkt auch kaum jemand über seine eigenen Rahmendaten nach, die oft sehr viel mehr verraten, als den Nutzern lieb ist.

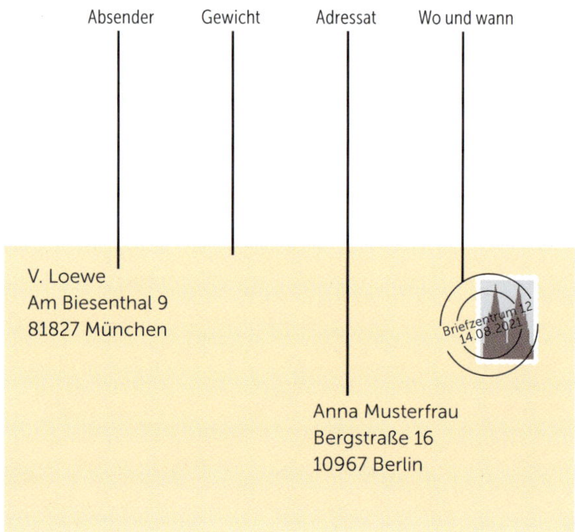

Wovon leben Messenger?

Möchte man wissen, wer private Daten klauen könnte, sollte man darüber nachdenken, womit der Anbieter einer MessengerApp sein Geld verdient oder wer ihm Geld zur Verfügung stellt. Denn das könnte ein Motiv für die Datenverwertung sein.

Folge dem **PFAD DES GELDES,** wenn du den **DATENDIEB ERWISCHEN WILLST!**

WhatsApp und der Facebook Messenger sind kostenlos, aber Kritiker fürchten, dass der Konzern Meta Daten weiterverwertet. Telegram schreibt, nicht gewinnorientiert zu sein (non-profit), doch Kritiker unken, die Telegram-Gründer Nikolai und Pawel Durow könnten mit dem russischen Staat zusammenarbeiten. Signal ist eine Stiftung und geht den Weg über Förderer, die Einfluss nehmen könnten.

Nur bei Threema ist der Kritikerdaumen fast ganz oben. Hier muss man nämlich ein paar Euro für den Messenger im Store zahlen. Der Nutzer selbst ist also der Geldgeber.

Für Threema musst du zwar zahlen, dafür sind deine Daten sicher.

Wie verhält es sich mit der Sicherheit?

Die berühmteste Verschlüsselung heißt **Ende-zu-Ende (E2E)** oder auch Peer-to-Peer (P2P). Wenn man eine Nachricht verschickt und nur der Empfänger sie lesen kann, dann ist es eine E2E.

Bei der **Ende-zu-Ende**-Verschlüsselung werden Daten oder Nachrichten, die von einer Person an eine andere übers Internet versendet werden, verschlüsselt (kodiert) übermittelt. Außer dem Absender und dem Empfänger kann niemand anderes und kein Computersystem auf die versendeten Daten zugreifen.

Durch die E2E ist allerdings nur der Inhalt geschützt, die Metadaten sind es nicht. Und sobald man seine Chats speichert, wird es insgesamt schwierig mit dem Datenschutz, denn der Cloud-Anbieter hat Zugriff. Auch gibt es Gerüchte, dass die Anbieter einen Superschlüssel haben könnten, mit dem sie zur Not auf die Chats schauen. Obendrein versuchen Staaten, eine Hintertür zu privaten Chats zu erhalten, weil sie so angeblich terroristische Aktivitäten früh genug erkennen wollen.

Cookies speichern, wo man wann gewesen ist und was einen dabei interessiert hat. Oft wird man gefragt, ob man alle Cookie-Typen zulassen möchte.

Es gibt also viele „Wenns" und „Abers", trotzdem scheint die E2E-Verschlüsselung gut zu funktionieren, denn **Whistleblower** Edward Snowden sagte über den von ihm genutzten Messenger Signal:

> Ich nutze ihn jeden Tag und bin noch nicht tot.
>
> *Edward Snowden*

Und das, obwohl er geheime Daten des US-Geheimdienstes weitergegeben hat, was 2013 die NSA-Affäre auslöste.

Whistleblower kann man im Deutschen mit Aufdecker oder Enthüller übersetzen. Er veröffentlicht Informationen aus einem geheimen oder geschützten Zusammenhang, weil sie für die Öffentlichkeit interessant sind.

Wer sind die Sicherheitschampions?

Signal

Der Messenger (E2E-verschlüsselt) der gemeinnützigen Stiftung Signal war zu Beginn etwas für Nerds (Computerfreaks), jetzt nutzen immer mehr Leute den US-Anbieter, der möglichst wenig über seine Nutzer wissen möchte (Zero-Knowledge-Prinzip). Man muss sich zwar mit seiner Telefonnummer anmelden, kann aber den Zugriff auf das Adressbuch verweigern. Signal ist Open Source, der Quelltext ist damit öffentlich, und Nutzer können schlecht beschwindelt werden.

Der Messengerdienst Signal

Threema

Der Schweizer Messenger ist nicht nur E2E; für die Nutzung von Threema ist nicht einmal eine Registrierung oder Verlinkung der Telefonnummer oder E-Mail-Adresse erforderlich. Vielmehr erhält jeder Threema-Nutzer eine zufällig generierte Threema-ID. So kann Threema auch völlig anonym genutzt werden.

Wer sind die Platzhirsche?

WhatsApp und Facebook Messenger

Die Verbreitung von WhatsApp mit 58 Millionen Nutzern pro Tag in Deutschland ist bislang unschlagbar. Auch funktioniert der Messenger ausgesprochen gut. Telefonieren, videotelefonieren und die üblichen Chats laufen leichtgängig. Ebenfalls ein Schwergewicht ist der Facebook Messenger. Mit monatlich 17 Millionen deutschen Nutzer liegt dieser aber weit hinter WhatsApp. Außerdem bietet er keine standardmäßige Ende-zu-Ende-Verschlüsselung.

Telegram

Das Plus von Telegram ist seine Benutzerfreundlichkeit. Man kann riesige Gruppen erstellen und Dateien von bis zu 2 GByte teilen. Bots werden angeboten und können auch selbst erstellt werden. Sonderplus: Man kann sich von jedem Handy auf Telegram einloggen. Das Problem: Wer so viel Kommunikation auf seinem Messenger hat, der hat auch einige dunkle Gestalten und Kanäle darunter.

Sonderfall Snapchat

Die App zum kostenlosen Teilen von Fotos und Videos, den „Snaps". Das Teilen macht süchtig. Wie? Der Snap ist zeitlich begrenzt und Snapchat aktiviert gleich zu Beginn die Kamera, liefert Filter, Sticker und Gadgets. So kann man sich damit in Szene setzen und einbringen.

Snapchat macht tatsächlich süchtig.

Je mehr Zeit man in die Herstellung einer Sache steckt, desto wertvoller erscheint sie einem selbst und demjenigen, dem man sie anbietet. Das setzt im Gehirn den Belohnungsstoff Dopamin frei. Ist man nun ein Teenager, kann der Frontallappen im Gehirn den Dopaminausstoß noch nicht hemmen. Die Dopaminfalle „snapt" sozusagen zu.

Woher stammen diese Emojis?

Emoji (japanisch für „Bild-Zeichen") ist vielleicht sogar die Schrift der Zukunft. Shigetaka Kurita, Mitarbeiter der japanischen Mobilfunkgesellschaft DoCoMo, hat sie Ende der 1990er-Jahre erfunden.

Als Google und Apple darauf bestanden haben, dass die Emojis endlich in den Unicode (internationale Festlegung für Schriftzeichen) aufgenommen wurden, ging es richtig los mit dem Verschicken von Smileys. Denn zu Beginn waren es Smileys. Dann kamen Herzen und der Daumen nach oben dazu, und schließlich wurde sogar eine Emoji-Tastatur auf dem Handy eingeführt, so wie wir sie heute kennen.

Es ist ziemlich schwierig, einen Überblick über all die Emoji-Möglichkeiten zu erhalten, deshalb gibt es auch schon Emoji-Wörterbücher. Und jedes Jahr kommen neue Emojis dazu: 2020 waren es etwas mehr als 110 neue Bilder! Auf der folgenden Doppelseite findest du einen hilfreichen Überblick der beliebtesten Emojis.

Mit Emojis lassen sich Reaktionen und Gefühle bildlich darstellen.

Die zehn beliebtesten Emojis

1.
Gesicht mit
Freudentränen

2.
Heftig weinendes Gesicht

4.
Rotes Herz

5.
Hand, die nach
rechts zeigt

6.
Lila Herz

7.
Doppelherz

3.
Lächelndes Gesicht mit herzförmigen Augen

8.
Lächelndes Gesicht
mit lächelnden Augen

9.
Nachdenkliches
Gesicht

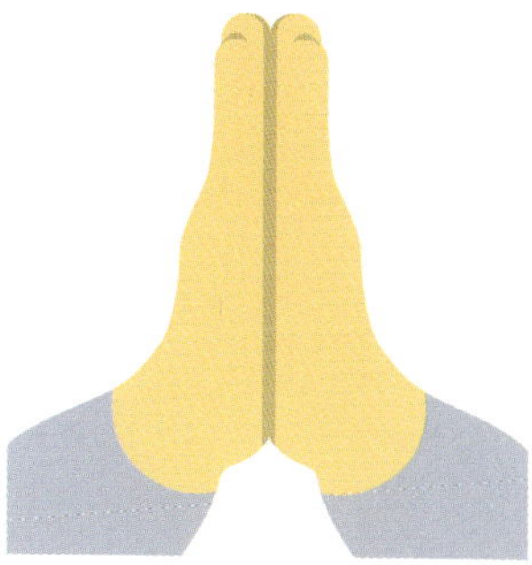

10.
Hände zum
Gebet erhoben

DIE TRICKS VON SNAPCHAT, NETFLIX, CANDY CRUSH & CO.

„Du hängst ja nur noch an Snapchat", sagt Ellas Mutter. „Na und?", antwortet sie zickig. „Lass es doch einfach mal!", schlägt ihre Mutter vor. Doch das kann sie nicht. Snapchat & Co. haben sie im Griff. Und vielleicht auch ihre Mutter!

Welches ist das Glückshormon?

Unser Gehirn will belohnt werden. Online geht das sehr schnell. Man erschießt im Spiel einen Gegner: **Belohnung!** Man wird gelikt: **Belohnung!** Man verliebt sich: **Belohnung!** Man sieht ein kurzes verrücktes Video, es kommt noch eines und noch eines: **Belohnung! Belohnung! Belohnung!**

Handyspiele können zu einem wahren Glücksrausch führen.

Einer der Hauptakteure im Belohnungssystem in unserem Gehirn ist das Glückshormon Dopamin. Eigentlich ist es gar kein Hormon, sondern ein sogenannter Neurotransmitter.

Bei Candy Crush & Co. gieren wir von Glücksmoment zu Glücksmoment, sind aktiv und aufmerksam. So wie man eigentlich im Mathe- oder Englischunterricht sein sollte. Man ist dem Dopamin ausgeliefert, will mehr und mehr, aber der Frontallappen im Gehirn, der die Dopaminausschüttung hemmen könnte, ist erst mit 20 Jahren voll ausgebildet. Dopamin ist wie eine Droge. Deshalb sollten dich deine Eltern schützen!

Warum ist Netflix ein Magnet?

Wieso sind wir so fasziniert vom Streamen? Weil wir uns an die Figuren gewöhnen, weil wir mit ihnen mitfiebern und ganz in die Geschichte abtauchen? Ja klar, aber nun kommt der Netflix-Trick, der auch bei YouTube- und Amazon-Prime-Videos funktioniert. Es handelt sich um den Zeigarnik-Effekt, der uns bis zum Binge Watching („Serienmarathon") treibt.

Die russische Psychologin Bljuma Zeigarnik saß 1927 in einem Café in Berlin und beobachtete, wie der Kellner eine Bestellung nach der anderen kreuz und quer aufnahm, alle im Kopf behielt und dann jedem das Seine brachte. Kaum hatte er die Aufgaben erledigt, wusste er nicht mehr, wer was bekommen hatte. Warum? Wir können uns Aufgaben besser merken, wenn wir sie noch nicht erledigt haben.

Kellner machen sich ganz unbewusst oft den Zeigarnik-Effekt zunutze.

In Serien wird dies genutzt, auf die Spitze getrieben und heißt „Cliffhänger": Die Handlung ist noch nicht vorbei, es ist spannend und dann – aus. Dabei ist das Nichterledigtsein der Aufgabe die Triebfeder für unser Verlangen, dass es weitergeht.

Ist Snapchat der Champion?

Eindeutig. Keine App nutzt wohl das Belohnungssystem Dopamin so gut. Die App aus Los Angeles (USA) gibt es seit 2013. Mit dem Messengerdienst können Fotos und Videos bearbeitet und geteilt werden. Sie nennen sich „Snaps“, und alles geht auch so schnell wie ein Fingerschnippen („snap“). Zudem sind die Snaps in der Regel nur eine begrenzte Zeit lang sichtbar: Snap und weg! Je mehr Zeit man mit Snapchat verbringt und je mehr Leute das machen, desto höher wird der Wert des Unternehmens.

Also saugt uns Snapchat in seine Welt. Womit? Mit Dopamin. Dazu wird gleich mal die Kamera von der App eingeschaltet, und man kann sofort loslegen: fotografieren, Sticker nutzen, mit Filtern und anderen Animationen bearbeiten. Man bringt sich also beim Verschönern der eigenen Fotos mit viel Herzblut ein. Das steigert den Dopaminausstoß: Man verschickt das Bild als Geschenk, und der Beschenkte hat sofort den Drang zurückzuschenken. Das freut Snapchat.

Damit man sich für seinen Snap nicht schämt, gibt es keinen Like-Dislike-Button, den jemand betätigen könnte. Außerdem ist alles ja auch gleich wieder weg – und weiter geht es, ohne Hemmungen.

Treuepunkte lassen alles noch schöner werden: Eine kleine Flamme, der „Streak“, zählt die aufeinanderfolgenden Tage, die man mit einem Freund Videos oder Fotos ausgetauscht hat. Man ist treu, und jede Flamme ist eine Belohnung für diese Treue. Dopamin!

Aber wehe, man verpasst den Austausch auch nur für einen Tag, dann sind alle Flammen futsch. Sie lassen sich auch nicht mehr zurückholen, sondern müssen aufwendig wieder erarbeitet werden: Und weiter geht der tägliche Austausch von Snaps, um wieder „Feuer und Flamme" zu sein.

Mit lustigen Filtern und Animationen lassen sich Fotos im Nu verändern.

Einige Nutzer sind so abhängig von diesen Flammen, dass sie alles tun, um sie am Leben zu erhalten, und sich sogar Flammen-Nannys suchen, die weiter für sie Fotos verschicken, falls sie mal Handyverbot haben. Schließlich wird man mit jeder Flamme süchtiger. Man will ja nicht zehn, 100 oder gar 1.000 Flammen verlieren.

Was bewirkt Candy Crush in uns?

Das Spiel ist simpel, und die meisten Menschen mögen es einfach. Es wurde 2012 von King Digital Entertainment für Facebook entwickelt und später dann als Game fürs Smartphone.

Und so geht es: Es gibt sechs verschiedenfarbige Candys (Bonbons). Bekommt man drei davon in eine Reihe, trägt man schon einen kleinen Sieg davon. Vier in einer Reihe sind noch besser, und für fünf bekommt man den König der Süßigkeiten. Da strömt das Dopamin nur so!

Warum aber wollen wir die Farben überhaupt sortieren? Weil unser Gehirn Farben und Formen identifiziert und einordnen will: die Äpfel zu den Äpfeln, die Roten zu den Roten, die Grasfresser zu den Grasfressern. Kleine Kinder sortieren schon so. Das haben wir in den Genen, und es gibt uns ein dopaminales Erfolgserlebnis.

Candy Crush macht süchtig!

Candy Crush lässt uns erst mal ein Erfolgserlebnis nach dem anderen haben. Wir denken: Ich bin super! Dabei lässt uns der Algorithmus absichtlich gewinnen und macht uns Komplimente. Das Stichwort hierfür ist „Illusion von Kompetenz".

Spiele wie Candy Crush bieten viele kurze Signale, die man hören und sehen kann, die Mikrofeedbacks. Sie führen dazu, dass man immer weitermachen will. Warum? Wegen des „Rattenkasinos": Um an Fressen zu kommen, drücken Käfigratten in einem Versuch auf einen Knopf. Wenn der Knopfdruck zudem mit Licht und Musik kombiniert wird, drücken sie viel häufiger, und tun es bald auch mit vollem Magen.

Die Aufgaben, die jetzt gestellt werden, sind weder zu schwer noch zu leicht, man fühlt sich richtig gut, und die Zeit verfliegt. Aber dann schlägt Candy Crush zu, erschwert die Aufgaben, und man scheitert. **Die Botschaft ist klar: Loser! Loser! Loser!**

Jetzt ist man reif für die rettende Hand von Candy Crush. Und diese bietet sie einen in Form von Boni, die man kaufen kann. Die meisten steigen jetzt aus, doch bei so vielen Millionen Candy-Crush-Abhängigen reicht es aus, wenn sich nun auch nur wenige die Boni kaufen, um das nächste Level zu erreichen. So wird die Firma King reicher und reicher.

Bodo Ramelow kam 2021 mit Candy Crush in die Schlagzeilen.

Ende Januar 2021 kam es zur **Candy-Crush-Affäre**: Der damalige thüringische Ministerpräsident Bodo Ramelow spielte das Game während einer Videokonferenz, in der die Ministerpräsidenten der 16 deutschen Bundesländer mit Bundeskanzlerin Angela Merkel über die Verschärfung von Lockdown-Maßnahmen während der COVID-19-Pandemie in Deutschland berieten. Er erklärte später, dass er das Spiel zur Entspannung nutze und in vergleichbaren Konferenzen bereits bis zu zehn Levels des Spiels gemeistert habe. Andere warfen ihm vor, damit das Vertrauen der Menschen in die Politik zu beschädigen.

Wie fesselt YouTube seine Nutzer?

Die Videoplattform YouTube, die 1997 erstmals online ging, gehört zum Google-Konzern. Ihr Ziel ist es, mit Werbung Geld zu verdienen. Gleichzeitig kann Google mit YouTube noch mehr Daten sammeln. Sie versuchen, Nutzer auf der Plattform zu halten, indem sie ihnen immer neue Videos vorschlagen, die ihnen gefallen könnten, um möglichst viele Informationen über sie zu erhalten. Auf Seite 74 erfährst du noch mehr über diese „Echokammer".

Suchen wir nach Videos, bietet die Plattform auch häufig sensationelle, verschwörerische oder schockierende Beiträge an. So passiert es schnell, dass man empört ist, weil ein böser Mann einen guten Hund beißt und wir angeblich von Echsenmenschen regiert werden. Es muss uns also gar kein russischer Troll zu Verschwörungstheorien verführen, das schafft YouTube, ohne auch nur einen einzigen **Content** selbst generieren zu müssen. Ihr Algorithmus „verführt" uns schlichtweg, diesen Content anzuschauen.

Content
ist englisch und bezeichnet den Inhalt von Massenmedien.

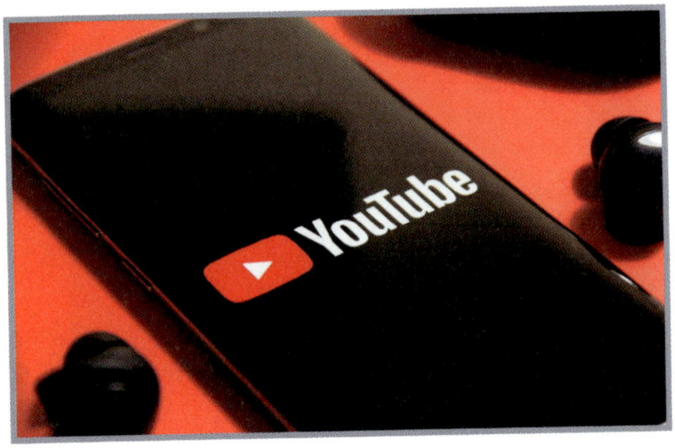

YouTube hatte 2021 weltweit zwei Milliarden Nutzer.

Doch damit nicht genug: Durch Autoplay – dabei wird ein Video automatisch ans andere gehängt – schlittern wir in immer neue YouTube-Welten. Das empfinden wir als praktisch, denn so ersparen wir uns den Energieverbrauch, selbst Entscheidungen fällen zu müssen, was wir als Nächstes ansehen möchten. Und am Ende erreicht YouTube sein Ziel: Wir bleiben dran!

Was lässt Facebook so verlockend erscheinen?

Im sozialen Netzwerk Facebook geht es um Freunde. Na ja, eigentlich will Facebook in erster Linie ganz viel über seine Nutzer erfahren, damit sie besser Werbung verkaufen können. Sie sind das Ziel („target")! Bis zu 5.000 Freunde darf ein privater Nutzer haben.

Was aber ist ein Freund? Jemand, der uns zeigt, dass er uns gernhat. Er kann lächeln, zuhören und ist interessiert an uns und dem, was wir tun. Facebook gibt uns zu alldem die Möglichkeit, und zwar blitzschnell mittels Buttons: Also liken wir, klicken auf ein Smiley oder ein Herzchen, zeigen Wertschätzung und freuen uns über Likes wie sonst nur über ein Geschenk zum Geburtstag.

Und was bewirkt ein Geschenk im Gehirn? Den Ausstoß von Dopamin, also einen Glücksmoment nach dem anderen. Wie schwierig ist es hingegen doch, in Mathe oder Englisch so schnell an Dopamin zu kommen!

Mark Zuckerberg, der Gründer von Meta

Blau-Weiß ist das Logo, weil Meta-Gründer Mark Zuckerberg eine Rot-Grün-Sehschwäche hat. Das Blau kann er schlichtweg gut erkennen.

Die Bezeichnung **Troll** leitet sich vom Englischen „trolling with bait" ab, womit eine bestimmte Angeltechnik beschrieben wird. Ein Troll „ködert" sozusagen andere Nutzer, um gezielt zu reizen und sie in Gespräche zu verwickeln. Meist werden Trolle hierfür von anderen Auftraggebern bezahlt, die beispielsweise ihre Propaganda im Netz verbreiten wollen. Trolle nutzen oft Bots, um ihre Bösartigkeiten systematisch zu verbreiten.

Der Blick durch die Hintertür

Reaktions-Button

Der berühmte Naturwissenschaftler Charles Darwin (1809–1882) hat die Gesichtsregungen der Menschen in sechs Emotionstypen unterschieden: Freude, Traurigkeit, Überraschung, Wut, Ekel, Angst. Facebook bietet dir neben dem Daumen-hoch-Ikon fünf Buttons als Reaktionen an, die schon Darwin kannte. Der Trick: Facebook erfährt so eine Menge über deine eigenen Emotionen.

Deep Learning (Tief gehendes Lernen)

Der Computer wird mit deinen Daten gespeist und entwickelt daraus ein Programm, das voraussagt, was du als Nächstes tust oder möchtest: einen Vorschlagsalgorithmus, der dir Filme, Videos oder Produkte anbietet.

Micro-Targeting

„target" heißt „Ziel". Online bist du als kleinste Einheit das Ziel der Werbung. Deshalb werden die Daten über dich gesammelt, um dir etwas verkaufen zu können. Oder dich möglichst lange auf der Plattform zu halten, um noch mehr Daten zu bekommen. Manchmal wird das Targeting auch von Politikern genutzt, um Wähler zu erhalten.

Flow – Los!

Der Flow ist ein himmlisches Gefühl. Er kommt, wenn du eine Aufgabe erledigst, die weder zu leicht noch zu schwer ist. Über den Flow vergisst du die Zeit. Doch einige Spiele nutzen das aus. Denn wenn sie dich in den Flow gebracht haben, erschweren sie das Spiel: Du versagst, kommst nicht aufs nächste Level. Dann bieten sie dir Boni an. Und der ein oder andere kauft, um wieder glücklich in den Flow zu kommen.

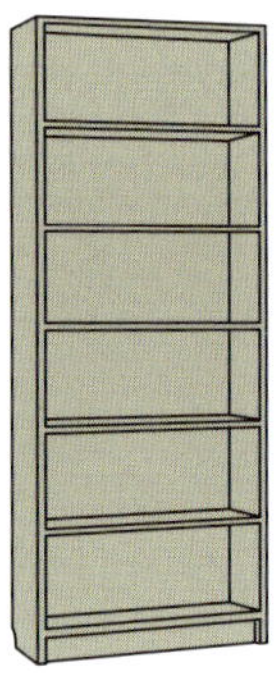

IKEA-Effekt

Wenn du dir ein Möbel von IKEA kaufst, musst du es zusammenbauen. Das kostet Zeit und Mühe. Am Ende bist du stolz. Das ist ein gutes Gefühl und nennt sich IKEA-Effekt. Den nutzen Online-Plattformen und -Messenger wie Snapchat aus. Indem du mit allerlei Gadgets (Hundeöhrchen, Sternchen, Filter etc.) dein Foto bearbeitest, wird es für dich wertvoll, eine richtige Belohnung. Dabei wird Dopamin ausgestoßen. Und auch für denjenigen, dem du das Foto schickst. Für ihn ist es ein Geschenk. Und wie reagiert der Beschenkte? Er schenkt zurück. Und so gehen die Snaps hin und her.

Soziabilität

Menschen sind soziale Wesen, sie wollen miteinander handeln, reden, sich finden und binden. So konnten wir die gefährlichen Tiere töten, uns in Sicherheit vermehren, Staaten gründen, gemeinsam jagen und technische Erkenntnisse austauschen. Soziale Netzwerke nutzen unsere Soziabilität aus, um uns ans Netzwerk zu binden.

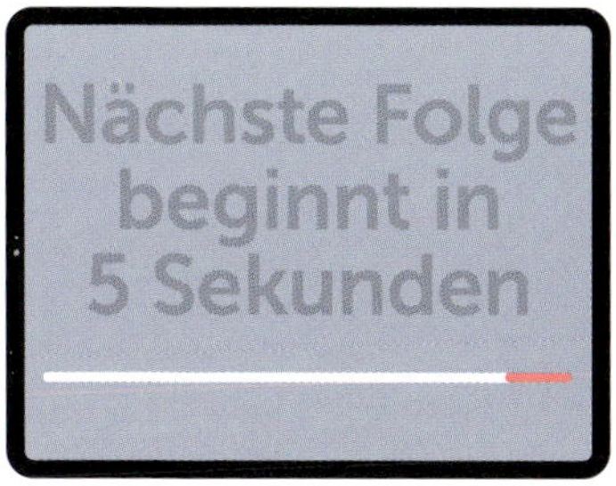

Superwoman Bljuma Zeigarnik

(1901–1988): Der Zeigarnik-Effekt – Die litauische (damals Sowjetunion) Psychologin stellte fest, dass wir Dinge unbedingt zu Ende bringen wollen und dass wir unerledigte Aufgaben besser behalten können als erledigte. Cliffhänger bei Serien beruhen darauf, aber auch, dass wir so schlecht abschalten können, wenn wir erst einmal anfangen haben, etwas zu schauen oder zu spielen.

Rattenkasino

Bunt und klimpernd wie auf dem Jahrmarkt geht es bei Candy Crush & Co. zu. Das bringt uns Spaß. Und auch den Ratten: Käfigratten wurde ein Knopf im Käfig eingebaut. Wenn sie den drückten, kam Futter. Wenn beim Drücken des Knopfes aber nicht nur Futter kam, sondern auch noch alles im Käfig blinkte und Geräusche ertönten, drückten die Ratten weiter, obwohl sie satt waren.

Illusion von Kompetenz

Spiele-Apps nutzen dies. Dir wird geschmeichelt, obwohl deine Leistung gar nicht so toll ist. Aber weil du keinen Vergleich hast, findest du dich super. Du glaubst, du kannst etwas, aber der Algorithmus spielt dir das nur vor, um dich im Spiel zu halten.

Fomo (Fear of missing out)

Du willst keine Erfahrung, keine Info verpassen, andere könnten ja Infos kriegen, die du nicht hast. Dann stehst du außen vor. Online wird uns diese Angst zum Verhängnis. Ständig müssen wir WhatsApp, Instagram, Twitter und die anderen Netzwerke checken. Und: Du kannst 24/7 checken, schnell fütterst du den Feed mit neuen Posts, indem du den Finger von oben nach unten auf dem Screen ziehst (Pull-to-refresh).

SIND INFLUENCER FREUNDE?

Emilys Vater ist auf Dienstreise und will seiner Tochter eine Halskette mitbringen. Aber wie soll die aussehen? Er geht auf das Profil einer Instagram-Influencerin, die Emily gut findet, sieht deren Halskette und kauft eine ganz ähnliche. Seine Tochter ist begeistert: „Genau mein Geschmack. Woher wusstest du das?"

Influencer: Wer sind die?

Sie sind Beeinflusser, denn das englische „to influence" heißt nichts anderes als jemanden beeinflussen. Solche Beeinflusser gibt es schon ewig, aber früher nannte man sie noch Werbeträger: Filmstars treten in der McDonald's-Werbung auf und verleiten dazu, den Big Mac zu essen, sie sprechen sich im Radio für Haribo-Goldbären aus und wollen über ein Werbeplakat irgendwas verkaufen.

Geld durch Werbung zu verdienen, das ist ein Ziel für viele Influencer.

Das Neue an den Leitfiguren auf Instagram, TikTok & Co. ist: Es handelt sich um keine Filmstars oder Profifußballer, sondern es sind oft Menschen wie du und ich, die es irgendwie auf Tausende oder Millionen Follower bringen, also Menschen, die ihre Inhalte regelmäßig mitverfolgen und ihren Kanal abonniert haben. Das machen sie, indem sie Fotos von ihrem Leben **posten**, kurze Videos drehen und einfach drauflosquatschen. Sie sind im **Feed** präsent, sind uns nah, aber trotzdem sind sie in erster Linie Beeinflusser.

Wer einen **Post** auf Social Media gut findet, kann ihn **liken**, also den „gefällt mir"-Knopf drücken.

Feed ist englisch und bedeutet eigentlich „Versorgung/Einspeisung". In einem Feed wird angezeigt, wenn ein abonnierter Kanal einen neuen Beitrag veröffentlicht.

Zu den Mega-Influencern gehören früher wie heute auch jene, die schon vor ihrem Instagram-**Account** berühmt waren, wie etwa Schauspieler, Sänger oder Fußballer.

> Das englische Wort **Account** heißt „Konto". Möchte man eine E-Mail-Adresse, ein Online-Profil oder einen Instagram-Account einrichten, braucht man in der Regel Benutzername und Passwort.

Übrigens: Solltest du Influencer werden wollen, der mit seinem Account Geld verdient, oder deinen Account monetarisieren wollen, musst du dich genau erkundigen, wie es mit den Steuern aussieht. Viele junge Influencer haben hier mächtig Probleme bekommen, denn Steuerhinterziehung ist strafbar!

Der Portugiese Cristiano Ronaldo ist nicht nur ein weltberühmter Fußballstar, sondern mit 250 Millionen Followern auch ein echter Instagram-König.

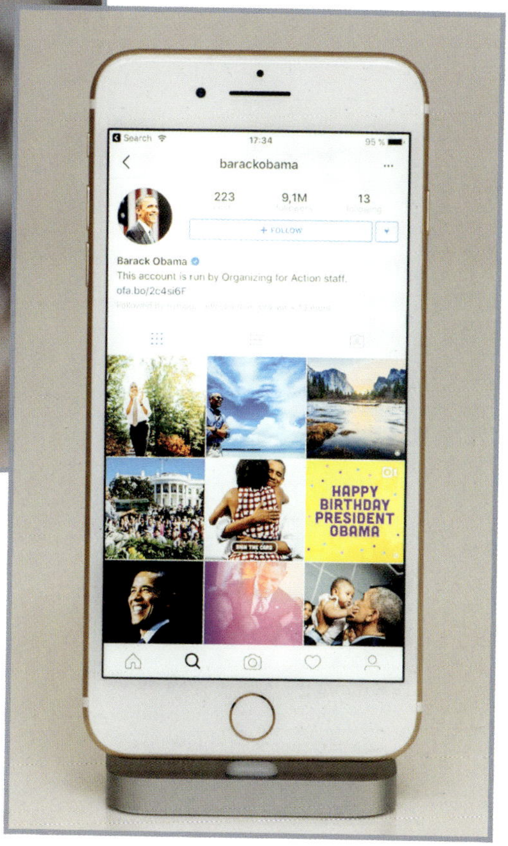

Ein Instagram-Feed

Money: Was ist Schleichwerbung?

Um davor geschützt zu werden, dass Influencer unter dem Deckmantel der Freundschaft für Produkte werben, müssen sie Fotos, Videos oder Texte, mit denen sie für etwas werben, als Werbung, Reklame, Anzeige oder Produktplatzierung kennzeichnen.

Postet eine Influencerin ein solches Foto von sich auf Instagram und nennt dabei die Marke der Sonnenbrille oder des Smartphones oder ist diese auch nur deutlich erkennbar, muss sie es besonders kennzeichnen.

Nun fällt nicht alles unter Werbung, was ein Influencer so an Kleidung trägt. Werbung ist es, wenn der Influencer Geld von einer Firma erhält, um das Produkt wie ein Handy oder eine Hose zu bewerben.

Wenn der Influencer allerdings von einer Firma ein Handy geschenkt bekommt, das unter 1.000 Euro kostet, und er das Handy nicht bewirbt, kann es schon eine Produktplatzierung sein: Dann muss er Fotos oder Videos, auf denen das Handy zu sehen ist, als solche kennzeichnen. Sollte er dies nicht tun und womöglich noch gegen Bezahlung ungekennzeichnet werben, nennt sich das Schleichwerbung.

Schleichwerbung bezeichnet laut deutschem Rundfunkstaatsvertrag „die Erwähnung oder Darstellung von Waren, eines Herstellers von Waren oder eines Erbringers von Dienstleistungen in Programmen, wenn sie vom Veranstalter absichtlich zu Werbezwecken vorgesehen ist und mangels Kennzeichnung die Allgemeinheit hinsichtlich des eigentlichen Zwecks dieser Erwähnung oder Darstellung irreführen kann".

YouTube: Was ist ein „Let's Player"?

YouTube hat einen besonderen Beruf hervorgebracht: den Let's Player. Er zockt Games wie FIFA, GTA, Fortnite oder Call of Duty und filmt dabei sein eigenes Spielen. Der Let's Player ist ein bisschen wie der Kommentator beim Fußball, nur dass er auch noch selbst zockt.

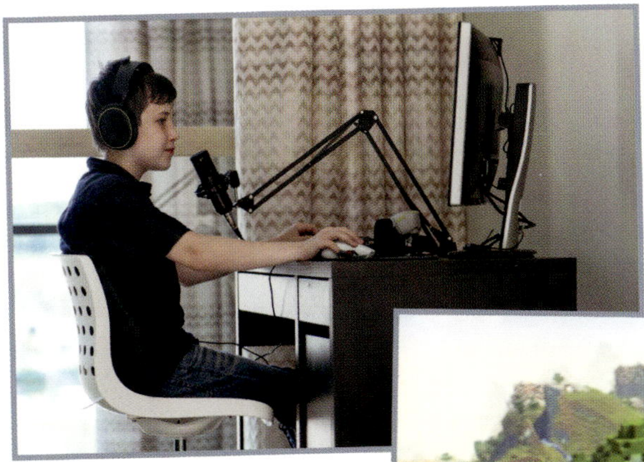

Ein Let's Player kommentiert sein eigenes Spielen und veröffentlicht es anschließend.

Minecraft ist ein beliebtes Spiel, zu dem es viele Let's Plays gibt.

In Deutschland war Gronkh (Erik Range) der erste Let's Player, der einer breiten Öffentlichkeit bekannt wurde – vor allem mit seinen Let's Plays zu dem Open-World-Spiel Minecraft. Es folgten Simon Unge alias Ungespielt/Unge, Manuel Büttinger alias GermanLetsPlay sowie MontanaBlack.

Einen großen Teil ihres Geldes erhalten die Gamer aus Werbeerlösen von YouTube. Zudem haben einige ihre eigenen Stores. Für die Industrie sind Let's Player sehr interessant: Sie will unbedingt, dass bekannte Let's Player ihr Game spielen, damit es populär wird.

Wie funktioniert Twitch?

Einige der Let's Player und auch Beauty-Influencer sind nicht nur auf YouTube oder Instagram unterwegs, sondern gleich auf mehreren Plattformen, um ihre Reichweite zu vergrößern. Seit Langem ist Twitch beliebt in der Gamer-Szene. Es ist ein Live-Streaming-Videoportal und seit 2011 online. 2014 wurde es von Amazon übernommen.

Das Logo von Twitch

Jeder kann dort einen Kanal erstellen und Let's Plays mittels einer Streaming-Software übertragen. Es werden auch E-Sport-Events gezeigt. Bekannte deutsche YouTube-Let's Player und Talker wie MontanaBlack oder Gronkh sind längst auch zu Größen auf Twitch geworden. Auf ihren Kanälen werben sie, und es gibt die Möglichkeit, ihnen zu spenden.

Übrigens: Wenn du Twitch Prime nutzen möchtest, so ist dies scheinbar kostenlos, wenn du schon Amazon Prime abonniert hast. Aber Vorsicht: Du zahlst mit Daten, denn deine Twitch-Daten werden dann automatisch auch von Amazon genutzt!

Was ist ein Podcast?

„Video killed the radiostar", also: „Das Video tötet den Radio-Star": Der Song von The Buggles wurde zum Start des Musikvideo-TV-Senders MTV am 1. August 1981 erstmals ausgestrahlt. Die MTV-Videos machten dem Radio auch schon bald erhebliche Konkurrenz. Es folgten weitere Musiksender wie etwa der Kölner Sender VIVA (1993).

Heute hat das Radio und haben Musik-Streamingdienste wie Spotify, Amazon Music Unlimited oder Apple Music den Marathon gewonnen. VIVA wurde abgeschaltet, und MTV kennt kaum noch jemand. Seit einigen Jahren existiert vielmehr ein neuer hörbarer Trend in Deutschland, Österreich und der Schweiz, der aus dem englischsprachigen Raum hergeschwappt ist: Podcasts.

Angefangen hat alles 2005, heute ist die Liste der Podcasts unendlich. Sowohl die öffentlich-rechtlichen Sender als auch ganz viele Privatsender oder Einzelpersonen nutzen Podcasts als Medium. Für nahezu jedes Thema gibt es einen Podcast, sei es Politik, Soziales, Musik, Liebe, Hörspiele, einfach alles wird besprochen.

Entertainer wie etwa Jan Böhmermann („Fest und Flauschig") und viele der Influencer auf Instagram, TikTok und YouTube haben im Podcast eine weitere Heimat gefunden. Sie reden dabei häufig über ihre privaten Dinge und lassen uns oftmals an ihrem Leben teilnehmen. Es gibt Podcasts wie „Sag mal Schüler, sag mal Lehrer – Tipps und Tricks für Schüler" oder welche über die erste Liebe oder Mobbing in der Schule.

Das Wort **Podcast** setzt sich aus „pod" + „cast" zusammen. Den Begriff „Pod" kennt jeder von dem Apple-Abspielgerät iPod. Seinem Erfinder Jon Rubinstein war es 2001 gelungen, Apple-Chef Steve Jobs von der Idee zu überzeugen. Der hatte seinerseits schon das berühmte „i" für den iMac erfunden. Es steht für Internet, „individual", „instruct" (anleiten), „inform" (informieren) und „inspire" (inspirieren). Das Wort „Pod" heißt im Englischen so viel wie „Kapsel", „Hülse" oder „Schote".

Instagram aktiv: Warum postet man ein Foto?

Fotos und Videos können auf Instagram geteilt werden. Damit man selbst oder das Motiv gut aussehen, gibt es Filter. Wer Inhalte (Content) eines Nutzers anschauen will, muss ihn abonnieren. Die Abonnenten nennen sich auch Follower.

Alles klingt so nett und undurchdacht. Aber der Kopf von Instagram und Mitbegründer war der Informatiker Kevin Systrom. Er hat bei dem Psychologen Professor B. J. Fogg an der Stanford University (Kalifornien) studiert, und das merkt man seinem sozialen Netzwerk an: Instagram ist durch und durch psychologisch durchdacht. Es nutzt die Suche nach sozialer Anerkennung, nach der eigenen Position in der Gruppe und dass man sich gut fühlen möchte. Offline ist das anstrengend, aber online ist es leicht. Es kostet kaum Zeit und kein Geld: ein Foto schießen, Filter nutzen, um alles aufzuhübschen, ein bisschen Text dazu schreiben, und schon fliegt einen ein Like in Form eines Herzchens zu.

Jeder von uns möchte Teil einer Gruppe sein und sucht nach sozialer Anerkennung.

Instagram passiv: Was macht Influencer-Kram so attraktiv?

Wir lassen uns beeinflussen, selbst wenn wir es nicht möchten. Der Grund: Wir lernen durch Nachahmung. Deshalb kaufen wir Dinge, die unser Influencer gut findet oder zufällig bei sich in der Wohnung stehen hat. Oder imitieren schlicht den Style unseres Vorbilds.

Das weiß auch die Werbeindustrie: Sie sucht daher gezielt jene Influencer, die ihrem Produkt entsprechen – und bietet ihnen einen Kooperationsvertrag.

Eine **Kooperation** ist eine freiwillige Zusammenarbeit, z. B. zwischen einer Influencerin und einem Unternehmen.

Für die Industrie ist Instagram so anziehend, weil die Produkte gezielt über Influencer an den Kunden kommen können. Unser Nachahmungstrieb wird ausgenutzt, und am Ende ähneln unser Style oder unser Zimmer womöglich dem des Influencers.

Etwa seit 2007 gibt es den Begriff „Influencer" im heute gebräuchlichen Sinn.

Der US-amerikanische Psychologe und Wirtschaftswissenschaftler Robert Cialdini beschrieb in einem Buch wichtige Eigenschaften eines Influencers: soziale Autorität, Vertrauenswürdigkeit, Hingabe und konsistentes Verhalten.

Bis zu mehrere Millionen Follower können Influencer in Deutschland generieren. Seit 2017 gibt es dafür im deutschsprachigen Raum sogar einen Preis: die About You Awards.

Über 90 % der User vertrauen ihren Influencern und ihrer Bewerbung von Produkten. Sie glauben all ihren Versprechen, obwohl sie wissen, dass Influencer für diese Werbung bezahlt werden.

TikTok: Warum sind die Videos so beliebt?

Die meisten tanzen, singen und veranstalten Blödsinn zu populärer Musik: TikTok ist das führende Kurzvideomusikportal mit Funktionen eines sozialen Netzwerks. **Wichtig auf TikTok:** Der Beitrag darf nicht länger als 60 Sekunden sein.

Zur **Generation Z** zählen Menschen, die etwa 1997–2012 auf die Welt kamen.

Hinter TikTok steckt das chinesische Unternehmen ByteDance. Kritiker befürchten, dass der chinesische Staat Zugriff auf Daten von TikTok hat. Viele Nutzer sind aus der **Generation Z** und probieren sich dort aus mit Tanz und Witz, manchmal halten sie auch Brust und Po aufreizend vor die Linse. Die Kürze der Videos aber ist entscheidend.

Nachdenken ist verboten. Wir haben im Schnitt eine Aufmerksamkeitsspanne von acht Sekunden. Und je mehr Inhalte wir in kurzer Zeit aufnehmen, desto geringer wird diese Spanne. Wir wollen also noch mehr neue Inhalte in noch kürzerer Zeit. Denn unser Gehirn belohnt uns mit dem Glückshormon Dopamin für das Einprasseln von Informationen.

Auf TikTok wird vor laufender Kamera getanzt, was das Zeug hält.

Dabei mag das Gehirn vor allem Infos in Bewegung. Das heißt: Fürs Lesen werden wir wenig belohnt, fürs Videogucken, in dem sich jemand zu Musik bewegt oder Blödsinn macht, schüttet unser Gehirn das Glückshormon Dopamin aus. Kein Wunder, dass die Top-100-Beiträge auf TikTok meist keine 20 Sekunden dauern.

TikTok: Wie erzielen Influencer Gewinn?

Gewinner von TikTok sind neben dem Unternehmen ByteDance die Influencer. Wie verdienen sie Geld?

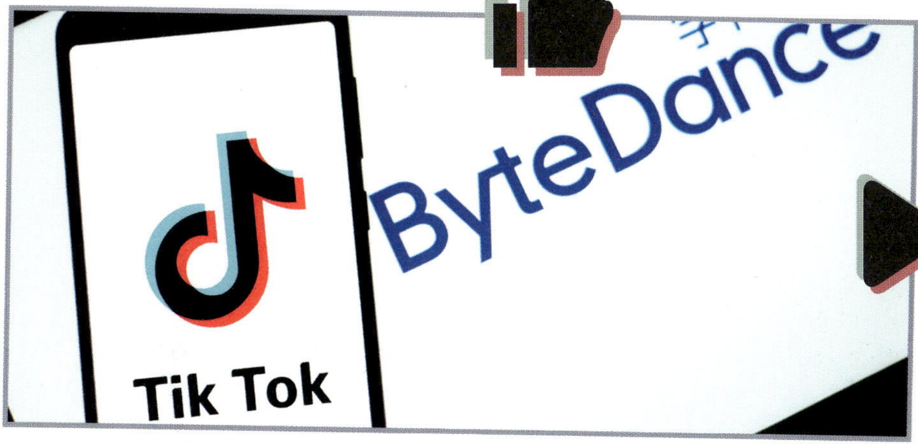

Hinter TikTok steckt die Firma ByteDance.

Wie die Instagramer versuchen sie, zugunsten eines Produkts zu beeinflussen. Das kann ein T-Shirt sein, das im Store erhältlich ist.

Viele nehmen Sponsorengeld. Sponsoren sind Firmen, die Geld dafür bezahlen, dass für sie geworben wird. So postet z. B. die Influencerin ein Video vom Sponsorenprodukt oder ein Lied, das den Produzenten nach vorn bringen möchte.

Oder sie drehen Live-Streams mit ihren Followern, setzen sich vor die Kamera, beantworten deren Fragen und erhalten von ihren Fans virtuelle Geschenke (Coins, Diamanten), die sie via PayPal in Echtgeld tauschen können.

Auch durch Rabatt-Codes verdienen Influencer Geld, indem sie diese in ihre Videos aufnehmen. Wenn der Follower im beworbenen Geschäft den Code einlöst, erhält der Influencer 5–10 % des Gewinns.

Die sieben Arten der Influencer

Sie sind Verkäuferinnen und Verkäufer und scheinbar auch Freundinnen und Freunde, weil sie das mögen, was du magst, weil sie das spielen, was du gern spielst, weil sie so aussehen, wie du aussehen möchtest. Die Influencer werden immer mehr und sie haben häufig ihre Spezialgebiete und ihre Follower, die sie informieren und mit denen sie Kontakt halten wollen, um am Ende Geld damit zu verdienen, weil es ihr Job ist.

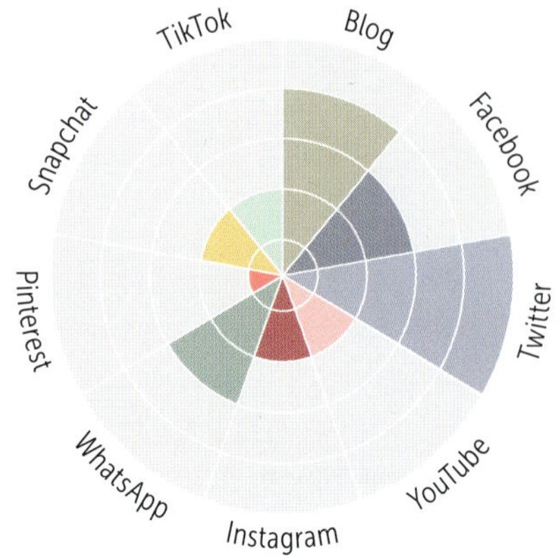

Der Aktuelle

Fähigkeiten/Eigenarten

Immer auf neuestem Stand
Humor und Schlagfertigkeit
Kennt das aktuelle Stimmungsbild
Kurze und prägnante Informationen

Interessen/Themen

Politik und Wissenschaft
Technik und Digitales
Popkultur und Medien
Alles, was die Masse interessiert

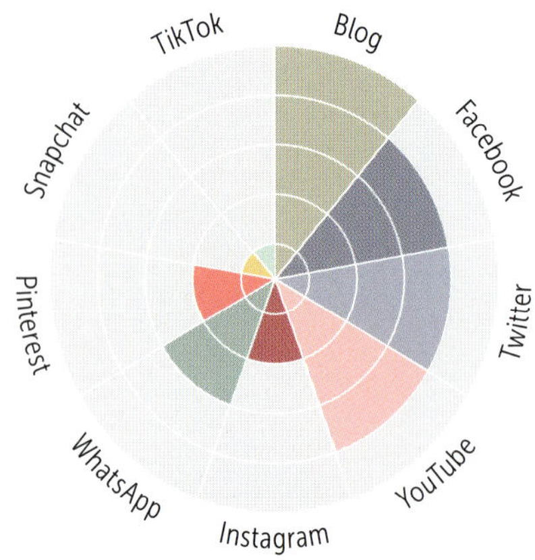

Der Experte

Fähigkeiten/Eigenarten

Experte auf einem Gebiet
Meist Teil des eigenen Themas
Genießt hohes Ansehen
Informativ und detailliert

Interessen/Themen

Wissen aneignen und verbreiten
Spezifische Sparten und Branchen
Von Lifestyle bis Cloudcomputing
Alles rund um spezifische Themen

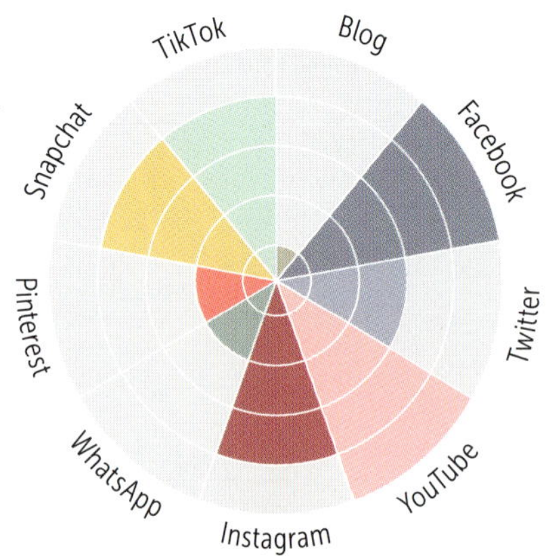

Der Entertainer

Fähigkeiten/Eigenarten

Humor, Kreativität und Individualität
In erster Linie Unterhalter
Treue Abonnenten und Fans
Nutzt bewegte Bilder als Medium

Interessen/Themen

Videospiele, Technik und Digitales
Popkultur und Trends
Persönlicher Alltag und Meinung
Alles, was die Fans unterhält

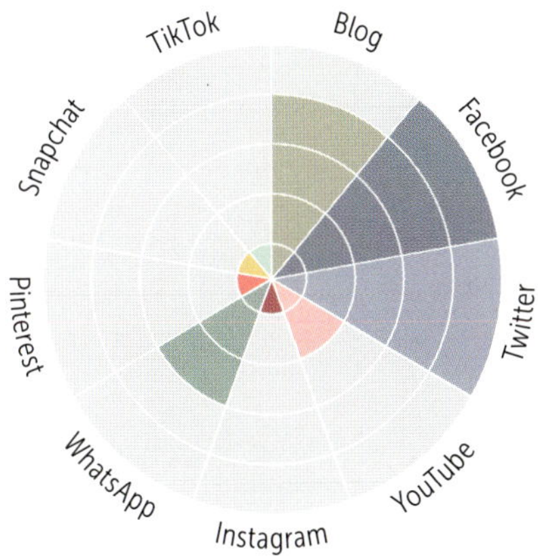

Der Aktivist

Fähigkeiten/Eigenarten

Sozial und politisch aktiv
Agiert investigativ und engagiert
Kommuniziert direkt und schlagfertig
Digitale Guerilla-Aktionen

Interessen/Themen

Politik und Gesellschaft
Umwelt und Natur
Wirtschaft und Globalisierung
Alles, was hinterfragt werden kann

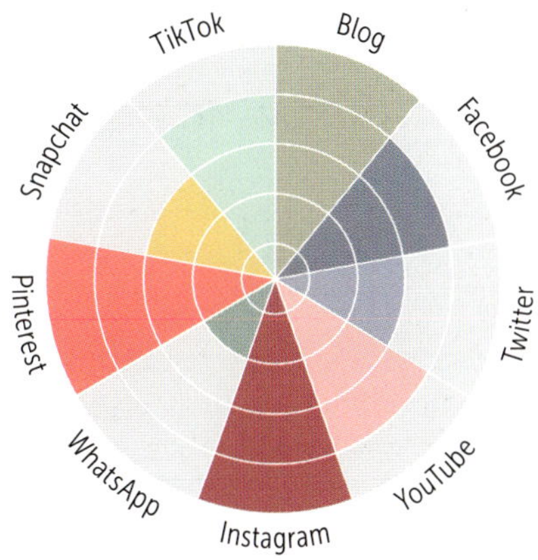

Der Lifestyler

Fähigkeiten/Eigenarten

Trends aus aller Welt
Beeinflusst Medien und Trends
Wirkt authentisch und überzeugt
Vorbild und Trendsetter

Interessen/Themen

Mode und Schmuck
Wohnen und Design
Essen und Gesundheit
Alles, was das tägliche Leben betrifft

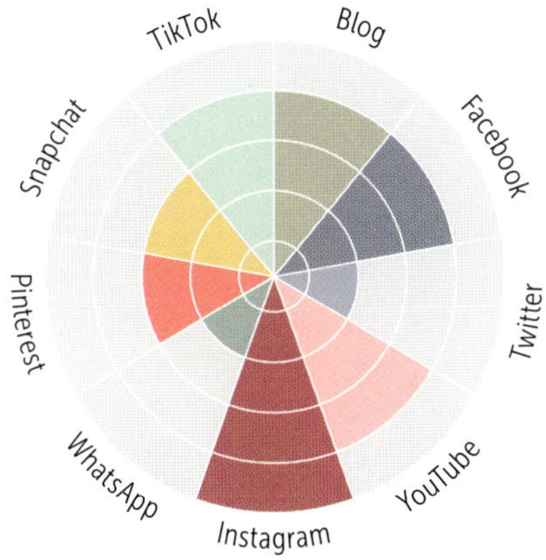

Der Künstler

Fähigkeiten/Eigenarten

Kreiert neuen und eigenen Content
Bildliches und grafisches Können
Besitzt eigenen Stil und Bildsprache
Spielt mit Bildsprache und Design

Interessen/Themen

Lifestyle und Reisen
Natur, Tiere und Menschen
Sport, Technik, Mode und Essen
Alles, was sich darstellen lässt

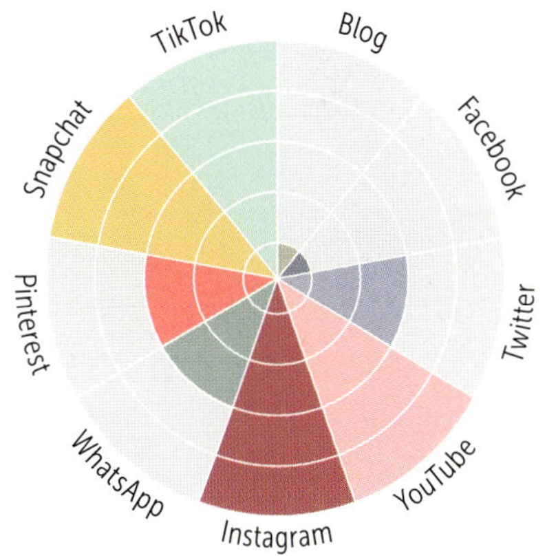

Der Shortie

Fähigkeiten/Eigenarten

Humorvoll bis Flachwitz
Verkleidungskünstler, Tänzer, Schauspieler
Kreiert neuen und eigenen Content
Hoher Entertainmentfaktor

Interessen/Themen

Neue Trends
Tanzen und Popkultur
Persönlicher Alltag
Alles, was die Fans wollen

BILD UND TON – RECHTE UND PFLICHTEN

„Das sollte doch nur ein Witz sein", sagt Lio. „Wieso regen sich Jakobs Eltern so auf?" Er hat auf Instagram ein Foto seines Freundes veröffentlicht, wie der auf dem Boden liegt und eine Flasche Bier im Arm hält. Doch Jakobs Eltern haben verlangt, dass das Foto sofort von Insta verschwindet.

Was ist das Recht am eigenen Bild?

Prinzipiell sollte man kein Foto von einer anderen Person ohne deren Einwilligung machen. Egal, ob sie sieben oder 177 Jahre alt ist, sie daheim oder auf dem Schulhof oder sonst wo fotografiert wird. Auch sie gegen ihren Willen zu malen oder zu filmen, wäre nicht in Ordnung. Falls die Person eine Einwilligung dazu gibt, kann man es tun. Aber Achtung: Auch dann hat die Person immer noch das Recht, darüber zu bestimmen, wo es veröffentlicht wird.

Noch komplizierter wird es, wenn es sich um einen Minderjährigen handelt. Dann darf das Foto nur mit Genehmigung seiner Eltern geschossen werden. Das nennt sich Doppelzuständigkeit.

Übrigens: Bei Kindern unter sieben Jahre müssen nur die Eltern gefragt werden, das Kind nicht. Aber wer fotografiert oder filmt schon ein Kind, wenn das Kind es nicht möchte?

Im „Gesetz betreffend das Urheberrecht an Werken der bildenden Künste und der Photographie", § 22, heißt es:

„Bildnisse dürfen nur mit Einwilligung des Abgebildeten verbreitet oder öffentlich zur Schau gestellt werden. Die Einwilligung gilt im Zweifel als erteilt, wenn der Abgebildete dafür, dass er sich abbilden ließ, eine Entlohnung erhielt. (...)"

Was ist eine stillschweigende Einwilligung?

Wenn ein Kamerateam eines TV-Senders eine Familie daheim filmt oder ein Fotograf der Zeitung ein Foto von der Tochter knipst und die Eltern dabei sind – und alle davon ausgehen müssen, dass der Sender oder die Zeitung das Foto veröffentlicht –, dann muss nicht jeder ausdrücklich einwilligen. Vor allem nicht, wenn die Familie auch noch eine Entlohnung für die Aufnahmen erhält. So etwas nennt sich stillschweigende Einwilligung.

Man kann natürlich dagegen widersprechen, dann ist diese stillschweigende Einwilligung aufgehoben. Auch dürfen das Foto oder die Videoaufnahme nur zu dem Zweck verwendet werden, den die Familie erlaubt hat. Hat man beispielsweise an einer Umfrage mit Foto teilgenommen, darf das Foto später nicht zu Werbezwecken genutzt werden.

Manche Menschen lassen sich gern fotografieren ...

... aber nicht jeder ist damit einverstanden, fotografiert zu werden!

Gibt es ein Recht auf das eigene Wort?

> Mit Freiheitsstrafe bis zu drei Jahren oder mit Geldstrafe wird bestraft, wer unbefugt:

Das Gesetz (Strafgesetzbuch) ist eindeutig: In § 201 – „Verletzung der Vertraulichkeit des Wortes" – heißt es:

1. das nichtöffentlich gesprochene Wort eines anderen auf einen Tonträger aufnimmt oder
2. eine so hergestellte Aufnahme gebraucht oder einem Dritten zugänglich macht.

Bei einer Aufnahme sollte man vorher immer um Erlaubnis fragen.

Das Abhören von Gesprächen ist natürlich auch nicht erlaubt. Wer also glaubt, dass Menschen nur ihr Recht aufs Bild haben, der irrt gewaltig. Man hat auch ein Recht auf sein Wort. Amtsträger wie Lehrer müssen extrem aufpassen, wenn sie Worte von Schülerinnen oder Schüler aufnehmen, denn die Strafen für sie sind noch höher.

Allerdings musst auch du dich an diese Vorgaben halten und immer fragen, ob jemand eine Aufnahme von sich möchte und diese Aufnahme nicht gegen ihn für einen Scherz oder Ähnliches verwenden.

Was ist das Zitatrecht?

In der Schule lernen wir zitieren, aber was darf eigentlich zitiert werden? Sowohl Fakten als auch die Idee eines Textes sind nicht geschützt. Nur die Form – also der Wortlaut.

Dabei ist es FÜR DEN SCHUTZ wichtig, wie individuell das GESCHRIEBENE WORT ist.

In der Regel sind folgende Texte geschützt: Zeitungsartikel, Bücher und Blogartikel. Tweets können kopiert werden, da sie zu kurz sind! Schließlich muss der Text etwas länger sein, damit das Individuelle hervortritt.

Zitiert man, musst die Quelle genannt und der Text als Zitat gekennzeichnet werden – meist durch Anführungszeichen. Zudem muss das Zitat einen Sinn ergeben, und es soll nur unsere eigenen Ansichten und Gedanken belegen oder unterstützen.

Beispiel: Schreibt man über ein Gedicht, darf die entsprechende Gedichtzeile zitiert werden. Das Gesetz möchte, dass Zitate nur der Mehrung des Wissens und der geistigen Erkenntnisse dienen.

Das heißt: Du kannst nicht einfach einen Text zitieren, weil du es selbst nicht so gut ausdrücken kannst. Auch kannst du nicht sagen: „Ich zitiere den Satz ja nur, um den Autor bekannter zu machen." Oder weil das Zitat so witzig ist.

Immer wenn der genaue Wortlaut wichtig ist, **zitieren** wir. Dabei müssen exakt dieselben Worte und auch deren Schreibweise übernommen werden. Wenn du also jemanden zitierst, musst du auch den Fehler mitzitieren, der sich vielleicht ins Original eingeschlichen hat. Hinter das falsch geschriebene Wort kommt anschließend in Klammern „sic!". Das ist Latein und heißt „so", „wirklich so".

Müssen fotografierte Personen vorher um Erlaubnis gefragt werden?

Prinzipiell ja. In § 23 des KunstUrhG (Kunst-Urheber-Gesetz) werden aber Ausnahmen genannt:

1. Bildnisse aus dem Bereich der Zeitgeschichte;
2. Bilder, auf denen die Personen nur als Beiwerk neben einer Landschaft oder sonstigen Örtlichkeit erscheinen;
3. Bilder von Versammlungen, Aufzügen und ähnlichen Vorgängen, an denen die dargestellten Personen teilgenommen haben;
4. Bildnisse, die nicht auf Bestellung angefertigt sind, sofern die Verbreitung oder Schaustellung einem höheren Interesse der Kunst dient.

Es dürfen Fotos geschossen werden, auf denen die Personen nur als „Beiwerk neben einer Landschaft oder sonstigen Örtlichkeiten erscheinen". **Das heißt:** Wenn du das Brandenburger Tor in Berlin fotografierst und zufällig Leute hindurchgehen und diese nicht dein zentrales Motiv sind, so darfst du sie mit aufnehmen.

Man kann auch Bilder von Demos und Versammlungen schießen, wenn einzelne Gesichter nicht hervorgehoben werden.

ABER: Falls jemand, der fotografiert oder gefilmt wurde, dagegen klagt, muss ein Richter entscheiden.

Es gibt hier keine Sicherheit für den Fotografierenden! Ganz schwierig ist es, wenn man einen Prominenten vor die Handykamera kriegt. Nehmen wir an: Du filmst einen Fußballer dabei, wie er Autogramme gibt. Das ist erlaubt. Aber du darfst ihn nicht fotografieren, wenn er abends im Kino neben dir sitzt. Schließlich hat er ein Recht auf Privatsphäre.

Was ist das Urheberrecht?

Malt man ein Bild, knipst ein Foto, dreht ein Video, schreibt Musik oder eine Geschichte, dann ist man der Urheber eines Werkes. Ab diesem Moment gehört es der erschaffenden Person.

Geregelt ist das alles im Urheberrecht. Ohne die Erlaubnis des Urhebers dürfen andere ein Werk nicht einfach verwenden. Das ist vor allem für Menschen wichtig, die davon leben, wie Autoren, Maler, YouTuber, Journalisten, Blogger und Musiker. Aber auch deine Werke, dein Bild, dein Text und dein Foto unterliegen je nachdem dem Urheberrecht. Wir müssen also gegenseitig unsere Werke respektieren.

Sollte der Urheber sterben, so geht das Werk an seine Erben über. Die Nutzungsrechte für das Werk können auch verkauft werden, allerdings bleibt der Urheber bestehen und hat weiterhin Rechte am Werk. 70 Jahre nach dem Tod des Urhebers ist sein Werk nicht mehr geschützt. Es ist dann gemeinfrei.

Für „Peter Pan" gibt es eine Urheberrecht-Sonderregelung: Großbritannien ließ das Werk für immer schützen, damit Erlöse aus den Theaterstücken und Büchern weiterhin einem Londoner Kinderkrankenhaus gestiftet werden können.

Warum immer der Ärger mit dem Hochladen?

Es gibt eine Zwickmühle, in der wir alle stecken: Auf der einen Seite werden die Gesetze zum Schutz der Urheber (Musiker, Filmer, Autoren etc.) immer umfangreicher. Und auch die Persönlichkeitsrechte aufs eigene Bild, aufs eigene Wort und so weiter muss man erst mal verstehen.

Für das Erstellen eines Videos für einen Social-Media-Kanal sollte man sich gut mit dem Urheberrecht auskennen.

Auf der anderen Seite ist es kinderleicht geworden, Bilder, Videos, Musik und Fotos zu kopieren, sie in eigene Videos einzubauen und auf YouTube oder Instagram zu veröffentlichen. Und so werden oft von YouTubern Let's Plays hochgeladen und Videos mit fremder Musik auf Instagram unterlegt. Dabei beachten die meisten weder die Persönlichkeits- noch die Urheberrechte. Wer fragt schon bei dem Spieleentwickler Epic Games nach, ob er sein Let's Play zu Fortnite veröffentlichen darf? Und wer fragt Capital Bra nach seinen Rechten? Ob das bestraft werden sollte oder nicht, können wir hier nicht klären.

Zudem ist es wichtig, ob man mit dem kopierten Material Geld verdient oder nicht. Politiker, Firmen und Spezialisten streiten sich seit Jahren über diese Thematik. Auf jeden Fall ist es empfehlenswert, möglichst keine Urheberrechte zu verletzen. Und die Persönlichkeitsrechte sowieso nicht.

Wer sind die Augen und Ohren der Künstler?

Würde jeder Künstler seine Rechte im Netz selbst schützen wollen, dann bräuchte er tausend Ohren und eine Million Augen. Deshalb gibt es Verwertungsgesellschaften, die diese Rechte schützen und das Geld eintreiben.

Nehmen wir die Verwertungsgesellschaft Wort – kurz VG Wort: Sie sorgt dafür, dass dieses Buch hier, in dem du gerade liest, nicht einfach in der Bibliothek ausgeliehen werden darf, ohne dass der Autor (Urheber Manfred Theisen) und der Grafiker (Urheber Ole Häntzschel) Geld (Tantiemen) dafür erhalten.

Ebenso ist es auch bei der GEMA (Gesellschaft für musikalische Aufführungs- und mechanische Vervielfältigungsrechte) mit Musik oder bei der VG Bild-Kunst mit Bildern und Fotos.

Es gibt auch Musik, für die du keine GEMA-Gebühren zahlen musst. Du solltest aber immer genau prüfen, ob es sich auch wirklich um lizenzfreie Werke handelt.

Tantieme kommt vom französischen Wort „tantième" und heißt „der sovielte Teil". Es handelt sich bei ihr um eine Vergütung, die anteilig am Erfolg des Werks berechnet wird. Der Anspruch auf Tantiemen muss allerdings vorher vertraglich festgelegt werden. Dabei wird auch die Höhe der Tantiemen bestimmt und wann diese gezahlt werden müssen.

Was darf fotografiert werden?

↑

Brandenburger Tor groß,
Menschen klein:
JA

⟵

Brandenburger Tor klein,
Menschen groß:
NEIN

Einen Menschen vor
einem Auto mit Gesicht:
NEIN
↘

Bilder von Demonstrationen oder
Versammlungen, an denen die
abgebildeten Menschen teilnehmen:
JA
↙

Die offizielle E-Mail an Lehrer & Co.

„Kannst du die Mail an meine Lehrerin schreiben?“, fragt Leo seine Mutter. Die nickt. „Klar kann ich das. Aber du kannst doch auch gut Deutsch.“ Doch Leo traut sich nicht. Er weiß nicht, wie er die Mail formulieren soll.

Warum sind E-Mails wieder da?

Wozu braucht man E-Mails? Einige Leute haben nicht einmal eine E-Mail-Adresse, die sie regelmäßig besuchen, sondern benötigen diese nur, um einen anderen Account bestätigen (verifizieren) zu lassen. Dabei ist eine solche E-Mail hilfreich, um mit einem Lehrer in Kontakt zu treten oder sich für ein Praktikum zu bewerben.

Durch Corona und die ständigen Schulschließungen wurde plötzlich die E-Mail wieder wichtiger, weil wir nun häufiger offizielle Dinge per Mail besprechen. Aber auch über Teams oder Zoom und andere Programme haben wir mehr schriftlichen Kontakt mit Lehrern.

Einige der Dinge, die hier gesagt werden, beziehen sich daher auch auf den schriftlichen Kontakt, den du mit Lehrern hast, wenn du eine Nachricht über Teams oder ähnliche Systeme schickst.

Der Begriff **E-Mail** bedeutet so viel wie elektronische Post – E steht für „electronic“, also elektronisch, und „Mail“ bedeutet Post. E-Mails werden von einem Computer zum anderen geschickt. Um 1965 gab es den ersten Vorläufer der heutigen E-Mail in den USA am Massachusetts Institute of Technology. Es handelte sich dabei um Nachrichten, die sich Personen an einem Computer hinterlassen konnten. Allerdings befanden sich diese auf dem Gerät und blieben dort auch – sie konnten also nicht an andere Computer weiterversendet werden. 1971 wurde dann der erste elektronische Brief von Ray Tomlinson verschickt, der als Erfinder der E-Mail gilt.

Wie erhält man eine E-Mail-Adresse?

Es gibt verschiedene Anbieter wie etwa gmail, t-online, ymail, zoho mail, outlook, mail.com, iCloud mail, aol, yandex mail, gmx oder tutanota.

Es gibt auch sehr empfehlenswerte kinderfreundliche E-Mail-Anbieter.

Ist man jünger als 14 Jahre, muss man in der Regel die eigenen Eltern fragen, ob sie die Mail-Adresse einrichten. Oder ob man über ihre Mail-Adresse schreiben darf. Die Eltern können dann auch bestimmte Bereiche sperren oder dafür sorgen, dass man keinen Spam bekommt.

Du solltest die Altersangabe nicht auf die leichte Schulter nehmen und dein Alter fälschen!

Speziell für Kinder gibt es auch *www.Mail4Kidz.de*. Hier können mit vorher festgelegten Freunden E-Mails geschrieben werden. **Spams** und unerwünschte Kontakte werden so ausgeschlossen. Die Anmeldung läuft über ein Formular, das von den Eltern unterschrieben werden muss. Ähnlich funktioniert *www.grundschulpost.de*, wobei die E-Mails der Kinder auch an die E-Mail-Adresse der Eltern gesendet werden. Sicherheit für Kinder wird bei diesen beiden Diensten großgeschrieben.

Als **Spam** bezeichnet man unerwünschte Werbung, die per E-Mail versendet wird. Man kann sich davor durch Spam-Filter schützen.

Woher kommt das @-Zeichen?

Es ist fest auf der Tastatur und einfach nicht mehr wegzudenken aus dem Leben: das @-Zeichen, auch Klammeraffe genannt und At geschrieben. Weitere Bezeichnungen dafür sind auch Affenschwanz, Affenohr oder Affenschaukel.

Woher kommt es? Keiner weiß es genau: Es könnte die Abkürzung für das lateinische Wort „ad" sein, was so viel wie „zu" heißt. Du kennst es auch aus dem englischen Wort „adden" – etwas hinzufügen. Oder es kommt von der spanischen Maßeinheit Arroba. Sie wurde im 16. Jahrhundert für Öl, Wein und Honig genutzt und bis heute wird dort und in Frankreich das @-Zeichen als Arroba bezeichnet. Aber das sind alles Spekulationen.

Das @-Zeichen

Das @-Zeichen findet auch in anderen Zusammenhängen als in der E-Mail-Adresse Verwendung. So nutzt man es z. B. in den sozialen Medien, um andere Nutzer anzusprechen (@Paula). Gern wird es auch als Abkürzung für „bei" verwendet oder auch ganz generell als Symbol für das Internet.

2012 wurde @ als Wortmarke (u. a. für Nahrungsmittel und Bekleidung) genutzt. Das deutsche Patent- und Markenamt löschte die Marke auf einen Löschungsantrag hin 2014 wieder. 2017 wurde die Löschung vom Bundespatentgericht bestätigt. Seine Begründung dafür: Das @-Zeichen gelte als grundlegender Bestandteil von E-Mail-Adressen.

Welcher Name eignet sich?

Für eine E-Mail-Adresse kann man seinen Klarnamen nutzen, so wie man wirklich heißt: Vorname, dahinter ein Punkt und dann der Nachname. So ist es gut lesbar. Dann kommt das @-Zeichen. Es steht vor dem Anbieter wie etwa ymail oder outlook. Es folgt schließlich nach einem Punkt (englisch „dot") die Länderabkürzung. Für Deutschland ist diese de, für Österreich at, die Schweiz hat ch. Meine deutsche E-Mail-Adresse könnte also folgendermaßen aussehen: *manfred.theisen@veryfastmail.de*.

Bei einer solchen E-Mail-Adresse ist sofort ersichtlich, wer der richtige Ansprechpartner ist. So verrät allein die Adresse, wer der Empfänger oder Absender der Nachricht ist.

E-Mails sind praktisch und bieten einige Vorteile: Unter anderem erreichen sie den Empfänger im Gegensatz zu einem herkömmlichen Brief sehr schnell und können auch sofort beantwortet werden. Auch die Material- und Portokosten fallen weg. Sie können mit nur einem Klick an mehrere Empfänger gleichzeitig versendet werden und dabei auch noch zusätzliche Dateien enthalten, die per Brief nur umständlich mitgeschickt werden könnten (z. B. in ausgedruckter Form).

Problematisch wird es immer, wenn bereits jemand anderes diesen Namen als E-Mail-Adresse hat. Dann kann man eine Zahl hinter diesen Namen setzen oder den Zweitnamen mit hinzunehmen.

E-Mail-Adressen sind wie Klingelschilder. Sie sollten keinen Narren aus dir machen.

Aber manchmal ist das ganz schön kompliziert. Für eine Adresse, die lehrertauglich ist, sollte man keine Blödelnamen nehmen wie etwa *volldurchgeknallt.melone@veryfastmail.de* oder *ichleseundrechnenichtgernekurt@blindenuss.de*. Also bitte nicht *Heiopai4187@veryfastmail.de* nennen!

Was ist eine lehrerhöfliche Anrede?

Prinzipiell sollte man höflich sein, egal, ob man mit einer Lehrerin oder einem Lehrer schreibt oder mit einem künftigen Arbeitgeber oder einer anderen erwachsenen Person.

Bleiben wir beim Lehrerbeispiel: Man sollte die Mail mit einer Anrede beginnen wie etwa „Sehr geehrte Frau/Sehr geehrter Herr ..." oder „Sehr geehrte/r ...". Manche Lehrerinnen oder Lehrer mögen es auch, wenn man sie mit „Liebe ..." oder „Lieber ..." anspricht. Man darf aber nie die Anrede weglassen, und auch das Wort „hallo" ist schlecht – außer man duzt die Lehrerin oder den Lehrer.

Das Gleiche gilt für das Ende der Mail. Man sollte immer eine Verabschiedungsformel wie „Mit freundlichen Grüßen" oder „Liebe Grüße" nutzen. Noch höflicher wäre „Hochachtungsvoll ...", aber das ist extrem übertrieben. Dann fühlt sich der Lehrer schon veralbert!

So solltest du den Lehrer jedenfalls nicht anschreiben:

Hey, Alda,
hab heut verpennt,
deshalb musste ich Englisch
ausfallen lassen.
Pass auf dich auf.

Dein Fortnite-Epischer-Krieger

Wie ist die Sprache der offiziellen E-Mail?

Sie sollte gehobener als in einer WhatsApp-Nachricht sein. Witze gegenüber Lehrerinnen und Lehrern sind möglichst zu vermeiden. Ältere Leute haben oft einen anderen Humor. Besser kein Fettnäpfchen riskieren, lieber sachlich bleiben!

Du solltest auch nicht lästern.

Man sollte nur über sich selbst schreiben, nicht über andere, und Schimpfwörter oder Worte, die beim zweiten Lesen als schlechte Sprache erscheinen, vermeiden.

Respektvoll zu bleiben und Rechtschreib- und Grammatikfehler zu vermeiden, ist ebenfalls wichtig. Die Lehrerin verzeiht sicherlich auch in einer E-Mail einen Fehler, aber im Hinterkopf hat sie ihn trotzdem gespeichert.

Wenn du dir unsicher bist und die E-Mail wichtig ist, lass lieber noch jemand anderes Korrektur lesen.

Ein Tipp: Schick die E-Mail nicht sofort ab, sondern warte ein bisschen und lies sie noch mal. Oft fallen einem Fehler auf, wenn man nach einer Weile erneut draufsieht. Du kannst den Text auch noch in Word kopieren und die als falsch markierten Worte nachschauen. Oder frag deine Eltern, falls sie gut Deutsch können. Oder einen Freund. Du musst keine Angst vor Fehlern haben, aber gib dir Mühe! Gleiches gilt natürlich auch, wenn du mit jemandem schreibst, bei dem du ein Praktikum oder einen Job möchtest. Eine E-Mail ist deutlich offizieller als eine WhatsApp-Nachricht, und entsprechend mehr Sorgfalt solltest du aufwenden.

Das Klammeräffchen in anderen Ländern

Im Baskischen heißt es „a bildua" („a gerollt" oder „a eingehüllt").

Im Bulgarischen wird es auch „маймунско а" („Affen-A") genannt.

Im Dänischen und Schwedischen heißt es „snabel-a" („Rüssel-A").

Im Italienischen heißt es „chiocciola" („Schnecke").

Auf Finnisch ist die verbreitete Bezeichnung: „kissanhäntä" („Katzenschwanz").

Auf Japanisch wird es manchmal auch „Naruto" genannt, wegen des Naruto-Strudels.

Im Russischen heißt es „sobaka" („собака", „Hund").

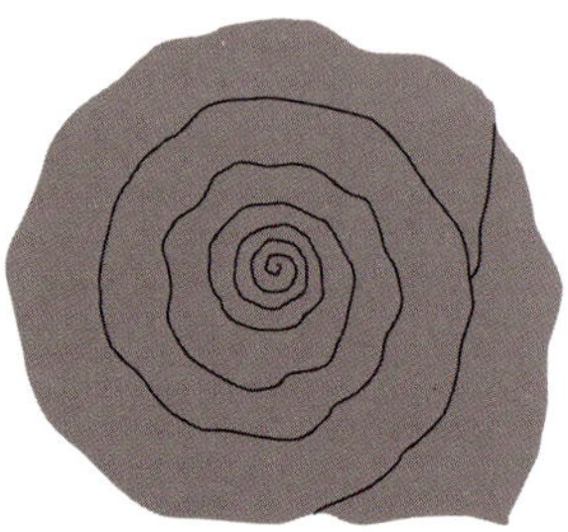

Auf Koreanisch heißt es „골뱅이" („Golbaengi"; übersetzt „Wellhornschnecke").

Im Kroatischen nennt man es auch „manki", das ähnlich klingt wie das englische Wort „monkey".

Im Französischen heißt es auch „a commercial“.

In Griechenland heißt es „Entchen“ (griechisch „papaki“).

Im Hebräischen heißt es umgangssprachlich „Strudel“.

Im Isländischen heißt es „fílseyra“ („Elefantenohr“).

Im Niederländischen heißt es „apenstaartje“ („Affenschwänzchen“).

Im Polnischen heißt es „małpka“ („Äffchen“).

Im Norwegischen heißt es „krøllalfa“ („Kringel-Alpha“).

In Portugal, Spanien und Lateinamerika wird es „arroba“ genannt, in Anlehnung an eine Gewichtseinheit mit demselben Symbol.

Im Serbischen heißt es „ludo-A“ („verrücktes A“).

Im Slowakischen und Tschechischen heißt es „Zavináč“ („Rollmops“).

Im Türkischen heißt es „kuyruklu a“ („a mit Schwanz“).

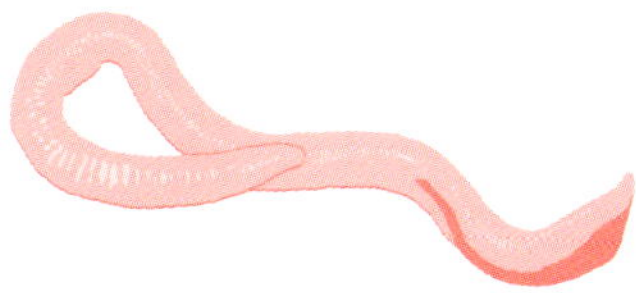

Im Ungarischen heißt es „kukac“ („Wurm“).

MOBBING UND CYBERMOBBING

Emily hockt weinend auf ihrem Bett und fühlt sich allein. Auf WhatsApp wird sie von ihrer ehemals besten Freundin im Klassenchat fertiggemacht. Und die anderen tun nichts dagegen. Und ihre Eltern? Die wissen nichts, denn Emily denkt, dass die ihr sonst nur das Handy wegnehmen.

Warum wird das Opfer zum Opfer?

Es ist stets das Gleiche: Jemand wird fertiggemacht. Er ist deprimiert, wütend, frustriert und zweifelt an sich selbst. „Warum gerade ich?", fragt sich der Geschädigte. Aber der Selbstzweifel ist falsch. Nicht das Opfer ist schuld, sondern diejenige Person, die es schädigt.

Es ist wichtig, sich darüber klar zu sein, dass die meisten mobben, um sich selbst großzutun oder nicht selbst zum Opfer im Haifischbecken zu werden. Oder sie wurden selbst schon gemobbt und wollen nun jemand anderem Schaden zufügen. Gründe gibt es wie Sand am Meer.

Nur die wenigsten Täter verspüren Mitleid oder bereuen ihre Tat. **Aber eins ist klar:** Frag dich nicht, warum gerade du gemobbt wirst! Die Frage ist eher, wie das Mobbing verhindert werden kann und wie du geschützt werden kannst.

Sicher kann übrigens keiner vor Mobbing sein. Durchschnittlich jeder dritte Schüler war schon Cybermobbingopfer.

Wer gemobbt wird, ist ständig den Angriffen anderer ausgesetzt. Über einen längeren Zeitraum hinweg wird er von einer größeren Gruppe schikaniert, ausgegrenzt und bloßgestellt. Beim **Cybermobbing** erfolgt die Schikane über soziale Medien im Internet. Das Opfer hat somit keine Ruhe und keinen Rückzugsort mehr und leidet darunter, dass sich immer mehr Personen am Mobbing beteiligen.

Was ist Mobbing?

Es ist körperliche und seelische Gewalt, die sich über einen längeren Zeitraum – meist geht es über Wochen und Monate – regelmäßig gegen eine Person richtet. Das kann sowohl „analog" (Mobbing) passieren als auch im Cyberraum von Messenger und Social Media (Cybermobbing). Beides beeinflusst sich meist gegenseitig.

Stell dir immer folgende Frage: Wie fände ich es, wenn andere so über mich sprechen würden?

Oftmals sind es mehrere Täter, die ein Opfer herauspicken. Die Täter werden in aktive Täter und passive Täter unterteilt.

Mobber fühlen sich in der Gruppe oft besonders stark.

Der schwedische Mediziner Peter-Paul Heinemann nutzte den Begriff in den 60er-Jahren des vergangenen Jahrhunderts, als er feststellte, wie sich immer wieder mehrere Kinder zusammentaten, um ein Kind anzugreifen.

Mobbing: vom Englischen „to mob", jemanden anpöbeln, attackieren, über ihn herfallen

Der Begriff **Mobbing** wird nur in Skandinavien und Deutschland benutzt, in England heißt es stattdessen „Bullying". **Übrigens:** Wenn der Chef seine Mitarbeiterinnen oder Mitarbeiter mobbt, nennt sich das Bossing.

Warum ist Cybermobbing so schlimm?

Wenn jemandem gesagt wird, dass er stinke, zu fett, zu winzig oder nur doof sei, dann ist das schlimm. Das Opfer ist verletzt, gedemütigt, und die Mitläufer lachen.

Dieses „analoge Mobbing" steigert sich häufig noch im Cyberraum von WhatsApp & Co. Die bösen Worte finden sich dann schwarz auf weiß auf dem Display, Fotos werden herausgekramt und hinzugefügt und Verleumdungen in die Welt gesetzt.

All das hinterlässt Schädigungen beim Opfer. Gerüchte und Bösartigkeiten können zudem übers Netz rasend schnell verbreitet werden.

Das Schlimmste aber ist:

Der **CYBERMOBBER SIEHT DAS OPFER** im Moment des Mobbings **NICHT**.

Beim Cybermobbing entfallen die natürlichen Erholungspausen für Opfer.

Er muss ihm seine Bösartigkeit nicht ins Gesicht sagen und ist deshalb oft enthemmt.

Obendrein ist das Opfer 24/7 erreichbar. In Vor-Handy-Zeiten haben Fachleute empfohlen, dass der Geschädigte sein Glück nachmittags in einem Verein finden könne oder mit Freundinnen und Freunden, die nicht von der Schule sind. Das seien dann zumindest Erholungszonen. Aber nun ist der Geschädigte durch das Handy immer die Zielscheibe.

Welche Folgen hat Cybermobbing?

Mobbing und Cybermobbing hören selten einfach auf. Wenn sich die Umgebung und die Bezugspersonen nicht ändern, schaukelt sich die Situation meist eher hoch.

Deshalb sollten sich Geschädigte Hilfe holen. Sie tun es leider oft viel zu spät. Die Gründe sind: Sie schämen sich zu sehr und fühlen sich selbst schuldig oder befürchten, dass ihnen die Eltern das Handy wegnehmen. Auch haben manche Angst davor, dass die Eltern womöglich die Eltern des Täters anrufen könnten.

Auch haben die Geschädigten Angst, zum Lehrer zu gehen, weil sie sich dann wie Verräter vorkommen oder sogar als solche beschimpft werden. Dabei ruft auch jeder, der gerade bestohlen wird, nach der Polizei.

Solltest du Opfer von Cybermobbing sein: Hol dir Hilfe!

Das Mobbingopfer frisst oftmals die Schädigung in sich hinein. Die Folgen können schwerwiegend sein: Minderwertigkeitsgefühle, Rückzug, Bauchschmerzen, Hilflosigkeit, Schulangst und sogar Selbstmordgedanken. Alleine ist es sehr schwer, dem Mobbing zu entkommen.

Übrigens: Falls du merkst, dass jemand sensibel reagiert, wenn du einen bösen Kommentar abgibst oder mit anderen über ihn lachst, so lass es einfach. Denk immer darüber nach, wie du dich fühlen würdest.

Wie kann man sich schützen?

Cybermobbing lässt sich schwer verhindern. Wir Menschen sind nie ganz vor den bösartigen Seiten unserer Mitmenschen sicher.

Wir können aber dafür sorgen, dass wir nicht sofort zur Zielscheibe werden, indem wir uns im Netz zurückhalten. Man muss nicht mitlästern, wenn gelästert wird, nicht jedem seine Adresse geben, nicht jedem seine Handynummer, nicht jedem alles Private erzählen. Freundschaft ist ein langwieriger Prozess, man sollte sich Zeit lassen und nicht zu unüberlegten Auskünften verleiten. Wenn man jemanden mag, sollte man vertrauliche Dinge unter vier Augen und nicht im Chat bereden.

Mach dich nicht zum Ziel!

Außerdem sollte man keine albernen Fotos von sich posten. Am Ende können solche Fotos gegen einen verwendet werden. Man sollte einfach etwas bescheiden bei der Datenweitergabe sein. Lernt man jemanden über das Internet kennen, dann ist besondere Vorsicht geboten.

UND DAS WICHTIGSTE: Niemals ein Passwort verraten! Denn damit können Täter extrem viel Schaden anrichten.

Für viele Online-Dienste braucht man einen Account. Um sich dort einzuloggen, benötigt man wiederum ein geheimes **Passwort** und meist auch einen Benutzernamen. Damit niemand das Passwort erraten oder ausspionieren und dann missbrauchen kann, sollte es nicht zu einfach sein, also beispielsweise nicht aus dem Namen oder den Geburtsdaten des Nutzers bestehen.

Wie sollte ein Passwort gestaltet werden?

Was auf keinen Fall als Passwort genutzt werden sollte: das Geburtsdatum, die Handynummer, der Name der Eltern, Spitznamen oder Spielenamen wie Fortnite oder Minecraft. Man sollte keine Reihen verwenden wie abcde oder 12345 und auch nicht Begriffe wie Prinzessin7 oder Supertyp007. Und auch der Name des Haustieres ist tabu.

Das ist eigentlich alles logisch, und trotzdem verwenden viele User solche Passwörter, weil sie diese besser behalten können. Besser ein kompliziertes Passwort nehmen, es aufschreiben und den Zettel an einem geheimen Ort verstecken.

Schreib dir kein Passwort ins Handy! Wechsele ab und an dein Passwort. Verrate keinem das Passwort. Dein Freund oder deine Freundin kann dich verlassen und mit dem Passwort Mist bauen.

Was aber sollte ein Passwort enthalten? Doppelte Zahlen, Zeichen oder Buchstaben sollten vermieden werden. Ein Passwort sollte so aussehen:

Mindestens **ZWÖLF ZEICHEN,**
darunter **GROẞ-** und
KLEINBUCHSTABEN,
ZAHLEN und **SONDERZEICHEN.**

Online gibt es auch Passwortmanager: Sie speichern die sensiblen Daten verschlüsselt auf einer Datenbank der eigenen Festplatte und erstellen ein Masterpasswort, über das man dann auf die anderen Passwörter zugreifen kann.

Welche Strafe blüht Mobbern?

Art. 1 des Grundgesetzes lautet:

„Die Würde des Menschen ist unantastbar."

Genau dort aber greift der Mobber an. Deshalb schützen dich gleich mehrere Paragrafen im deutschen Strafgesetzbuch: So sind Beleidigungen oder üble Nachreden (§ 185, 186) verboten, genauso wie jemanden dazu zu nötigen, etwas zu tun, was er nicht möchte (§ 240), oder jemanden zu bedrohen (§ 241) sowie unerlaubt Ton- oder Filmaufnahmen zu machen (§ 201).

Es gibt mehrere Paragrafen im Strafgesetzbuch, die dich vor Mobbing schützen.

Zwar sind jugendliche Straftäter erst ab dem 14. Lebensjahr haftbar, aber für Kinder ab sieben Jahre gilt eine „zivilrechtliche Haftung". Die Eltern des Geschädigten können über einen Anwalt eine Abmahnung erteilen und eine Unterlassung durchsetzen. Das heißt, der Täter muss schriftlich erklären, dass er in Zukunft das Mobben unterlässt. Hinzu kommen Anwaltskosten, und die Sache wird richtig teuer, falls der Täter das Mobbing nicht einstellt.

Übrigens: In der Schweiz sind Kinder schon ab zehn Jahren strafmündig und in Österreich (Strafmündigkeit ab 14 Jahre) findet sich im Strafgesetzbuch unter § 107c etwas direkt zu Mobbing („Mobbingparagraf"). Danach ist es verboten, vor den Augen anderer die „Ehre" eines anderen zu verletzen oder anderen Fotos der Person zugänglich zu machen. Bis zu einem Jahr Gefängnis drohen den Tätern.

An wen kann man sich wenden?

Falls man gemobbt wird, kann man sich natürlich an seine Eltern wenden. Vielleicht gibt es auch in der Schule entsprechende Personen – zumindest die Lehrkräfte. Möchte man aber erst einmal mit einer fremden Person über das Geschehene und seine Gefühle reden, so kann man die „Nummer gegen Kummer" anrufen.
Hier kann man anonym sprechen und sich Tipps holen.

Nummer gegen Kummer: 116 111
Auch online erreichbar unter:
www.nummergegenkummer.de

Auch eine Online-Beratung ist dort möglich. Weitere Hilfsangebote befinden sich im Anhang!

Manchmal ist es hilfreich, die Mobber auch online zu melden. Außerdem stehen in den AGB (Allgemeinen Geschäftsbedingungen) der Anbieter wie etwa WhatsApp, dass die Anbieter kein schädliches Verhalten wie Mobbing in ihrem Messenger dulden und den Betreffenden gegebenenfalls sperren und im Notfall sogar die Behörden – also die Polizei - einschalten.

Bleib nicht zu lange allein mit dem Problem.
Ruf zumindest die Nummer gegen Kummer an!
Du bist nicht schuld, der Mobbende ist schuld!

AGB ist die Abkürzung für „Allgemeine Geschäftsbedingungen". Darunter versteht man vorformulierte Vertragsbedingungen, die du akzeptieren musst, wenn du die Funktionen eines Online-Dienstes nutzen möchtest. Es ist immer ein bisschen wie Erpressung, denn du musst alles akzeptieren, um dabei zu sein. Du kannst selten mal einen einzelnen Punkt ablehnen. Häufig sind die AGB sehr lang und schwer verständlich formuliert. Dennoch solltest du dir die Mühe machen, sie zu lesen, damit du nicht versehentlich einem Online-Dienst oder einer App erlaubst, auf persönliche Daten zuzugreifen.

Faktencheck: Mobbing

Etwa jeder zehnte Schüler ist ein Mobbingopfer.

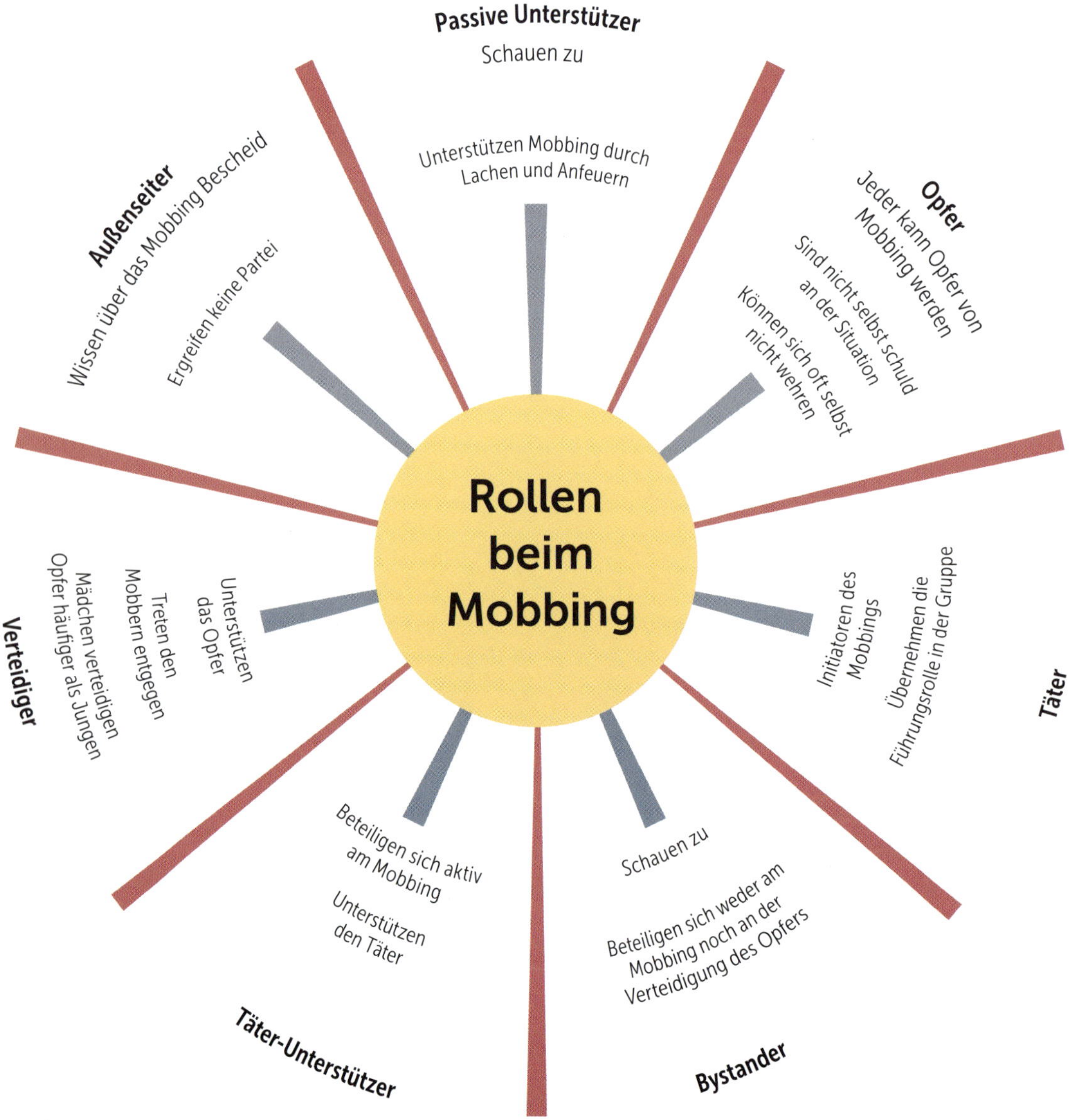

Jungen sind die meisten Mobber … … aber auch die meisten Opfer.

Mögliche Formen von Mobbing

Psychische Formen

Auslachen
Drohen
Cybermobbing
Beschimpfen
Diskriminieren
Ausgrenzen
Bloßstellen
Hänseln
Petzen
Gerüchte verbreiten
Schikanieren
Informationen vorenthalten

Physische Formen

Schlagen
Treten
Sexuelle Belästigung
Schubsen
Mit Gegenständen bewerfen
Erpressen
Beschädigung von Eigentum
Anspucken
Diebstahl

Mögliche Anzeichen für Mobbing

Verhaltensauffälligkeiten

Angst vor der Schule
Gereiztheit
Selbstzweifel
Antriebslosigkeit
Konzentrationsschwierigkeiten
Sich-Zurückziehen

Physische Anzeichen

Übelkeit
Magenschmerzen
Kopfschmerzen
Appetitlosigkeit
Durchfall

HATE SPEECH – EINE ÜBLE SACHE!

Lions Lehrer Herr Rosenberg erzählt, dass er im Netz beschimpft wurde, weil er jüdisch ist und zur Synagoge geht. „Warum tun die das?", hat Lion gefragt. Herr Rosenberg hat mit der Klasse darüber geredet und am Ende gesagt: „Eins ist sicher. Ich werde mich wehren."

Was ist Hate Speech?

Hate Speech ist ein wenig wie der große Bruder von Mobbing. Der englische Ausdruck „Hate Speech" steht für „Hassrede". Gemeint ist damit, dass Menschen zur Zielscheibe von Beschimpfungen werden, weil ihnen eine Zugehörigkeit zu einer bestimmten Gruppe gegeben wird, die der Hater angreifen möchte. So wird eine Frau mit jüdischem Glauben nur auf ihren Glauben reduziert und beschimpft oder ein Schwarzer auf seine Hautfarbe, Schwule auf ihre Sexualität und so weiter. Antisemitische, rassistische oder sexistische Kommentare sind die Folge. Die Hater werten die Menschen ab, greifen sie an oder rufen zu Gewalt und Hass gegen sie auf.

Folgen von Hate Speech bei Menschen unter 25 Jahren

Etwa die Hälfte hat emotionalen Stress.

Etwa 40 % leiden unter Angst und Unruhe.

Etwa 30 % haben eine Depression.

Was sind Antiziganismus oder Klassismus?

Wenn es um Hate Speech geht, fallen immer Fremdworte.
Hier ein kurzer Überblick:

ANTISEMITISMUS nennt sich die Diskriminierung von Juden, Antiziganismus jene von Sinti und Roma.

ISLAMFEINDLICHKEIT bezeichnet die Hate Speech gegen Muslime, auch wird häufig von antimuslimischem Rassismus gesprochen.

Ansonsten bezeichnet man mit **RASSISMUS** auch Fremdenfeindlichkeit, wenn sich der Hass gegen die Abstammung richtet.

SEXISMUS ist die Diskriminierung aufgrund des Geschlechts und Homo- sowie Transphobie wegen der geschlechtlichen Identität oder der sexuellen Orientierung der Person.

Selten wird der Begriff **ABLEISMUS** verwendet, mit dem Behindertenfeindlichkeit gemeint ist.

Im Zusammenhang mit Mobbing kommt es häufig zu **LOOKISMUS**, der Diskriminierung von Menschen wegen ihres Äußeren – zu dick, zu dünn, zu groß, zu sonst was.

Eine Form von Diskriminierung, die vor allem im vergangenen Jahrzehnt stattfand, war der Klassismus. Hierbei diskriminiert eine gesellschaftliche Klasse eine andere. Z. B. wurden vor allem ärmere und ungebildete Schichten in Kinofilmen wie „Fack ju Göhte“ vorgeführt, sodass das Publikum über sie lachen konnte.

Diskriminierung hat viele Namen und sollte immer bekämpft werden.

Wie sieht das Weltbild vieler Hater aus?

Sie denken in Schwarz und Weiß. Sie sehen nicht, dass der einzelne Mensch nicht nur ein arabischer Flüchtling ist, sondern vielleicht auch noch ein Familienvater oder eine Oma, eine Sängerin, ein Schneider, ein Fußballer. Sie sehen nicht, dass er gern Serien schaut, ab und an schwimmen geht oder ins Kino.

Sie sehen nicht die unterschiedlichen Facetten der Menschen, sie sehen nur den Feind in ihnen.

Nach dem Anschlag am 11. September 2001 in New York kam es zu starker Islamophobie.

Besonders stark war der Hass im Netz auf Muslime nach dem Terroranschlag auf das World Trade Center in New York (USA) am 11. September 2001. Angst vor weiteren Anschlägen und der von den USA ausgerufene Krieg gegen den Terror führten dazu, dass am Ende sogar muslimische Einwanderer in Deutschland darunter zu leiden hatten.

In Europa trug zu diesem Hass der Krieg in Syrien bei. Denn Millionen von Syrern mussten ihre Heimat verlassen und baten in Europa um Asyl.

Wie befeuern Populisten Hate Speech?

Die Hasser teilen die Welt häufig in zwei Gruppen ein:

Die Guten sind das WIR. Dazu zählen sich die Hasser selbst und sehen sich als Teil der guten, braven Deutschen/Österreicher/Schweizer, die Miete und Steuern zahlen wollen.

Die böse gegnerische Gruppe sind für sie die ANDEREN: Dazu zählen all jene, die die Großzügigkeit des WIR angeblich ausnutzen, die schnorren, keine Steuern zahlen wollen oder ein falsches Vorbild für die Kinder des WIR sind, weil sie beispielsweise gleichgeschlechtlich lieben.

Populistische Politiker unterstützen die Hater, da sie ihnen ähnlich sind. Der Begriff „Populismus“ leitet sich von dem lateinischen Wort „populus“ für „Volk“ ab.
Ein Populist tut so, als spräche er für das Volk, das WIR. Er sagt all das, was das WIR gern hören will.
Wenn es kompliziert ist, so vereinfacht der Populist. Schwarz und weiß ist sein Weltbild – genau wie das der Hater.

Am Ende verändert der Populist oft das WIR zum ICH – er sieht sich als WIR, er behauptet, ihm könne das Volk trauen. Er ist deshalb auch prinzipiell gegen eine freie Presse, da sich Journalistinnen und Journalisten mit ihm kritisch auseinandersetzen.
Kritik duldet er nicht mehr und hetzt gegen die ANDEREN, was wiederum zu Hate Speech führt.

Ein **Populist** versucht, die Gunst der Massen zu gewinnen, indem er das sagt, was viele gern hören (würden). Oft vereinfacht er dazu komplexe Zusammenhänge und verspricht dafür einfache Lösungen. Er stellt sich als Vertreter des „Volkes“ dar und grenzt sich und das sogenannte Volk damit von einer Elite ab – das sind meist etablierte Politiker und Wirtschaftsführer.

Was ist Hasspropaganda?

Hassropaganda ist ähnlich wie Hate Speech. Das Wort Propaganda kommt von dem lateinischen Verb „propagare", was übersetzt so viel wie „weiter ausbreiten, verbreiten" heißt.

Hate Speech ist die bösartige, menschenverachtende Form von Kommentaren im Netz. Häufig richten Hassreden sich gegen bestimmte Gruppen und haben rassistische, antisemitische oder sexistische Inhalte.

Mit Propaganda versuchen Politiker, Parteien oder Organisationen oft, ganze Gesellschaften zu beeinflussen. Mit Hasspropaganda versuchen sie das Gleiche, allerdings mit dem Mittel des Hasses. Gerüchte, Fake News und Beleidigungen sowie Einschüchterungen werden gepostet.

Es soll ein Klima der Angst und des Neides erzeugt werden, das die Demokratie zerstört.

Propaganda dieser Art führt am Ende auch häufig zu Gewalt. Wenn eine Partei beispielsweise gegen bestimmte gesellschaftliche Gruppen hetzt, so fühlen sich Einzelne aufgefordert, den Worten Taten folgen zu lassen, und prügeln auf Einwanderer, Homosexuelle oder Andersdenkende ein.

Der Staat kann Organisationen und Parteien, die Hasspropaganda verbreiten, kontrollieren und letzten Endes auch verbieten lassen.

Wer **Propaganda** betreibt, versucht, seine politische Meinung, seine Ideen und seine Weltanschauung systematisch zu verbreiten und andere Menschen in ihrem Denken und Handeln zu beeinflussen. Dazu werden gezielt verschiedenste Medien eingesetzt. Eine spezielle Form der Propaganda ist die Kriegspropaganda, die gab es schon in der Antike. Sie kommt auch ohne den Einsatz von Medien aus: mit Reden, Liedern oder Predigten vor einem Publikum. Heute geschieht Propaganda aber meist über elektronische Medien, weil so sehr viel mehr sehr viel schneller und an sehr viel mehr Menschen adressiert werden kann.

Wie reagiert die Politik auf Hate Speech?

2017 kam das Netzwerkdurchsetzungsgesetz (NetzDG). Es soll Hass, Hetze und Fake News unterbinden – inklusive Cybermobbing.

Ein Problem vorweg: Messenger und E-Mails fallen nicht unter das NetzDG, nur die sozialen Medien wie Instagram oder YouTube.

Wird man auf einer Plattform beschimpft oder belästigt, kann man sich an den Betreiber wenden und der muss sich innerhalb von 24 Stunden darum kümmern, prüfen und die Beiträge gegebenenfalls löschen. Ansonsten drohen ihm Geldstrafen von bis zu 50 Millionen Euro.

SOZIALE MEDIEN: Sie löschen Hass, Hetze und Fake News, wenn du sie darauf ansprichst!

Obwohl WhatsApp als Messenger nicht unter das Gesetz fällt, gibt es auf WhatsApp auch die Möglichkeit, jemanden konkret zu melden. Erledige das bitte gemeinsam mit deinen Eltern! Gehe folgenden Weg: Startpunkt ist „Chats". Dort öffnest du die Einstellungen, klickst dann auf „Hilfe" und im nächsten Feld auf „Kontaktieren". Nun kannst du dein Problem beschreiben und sogar einen Screenshot hinzufügen. Anschließend fragt dich WhatsApp, ob dir einer der aufgelisteten Artikel hilft. Falls nicht, kannst du ganz unten deine Frage direkt an WhatsApp senden. So hast du Kontakt mit dem Messengerdienst.

Ein **Screenshot** ist ein Bildschirmfoto – also ein Schnappschuss von allem, was gerade auf dem Bildschirm oder Display zu sehen ist. Man erstellt den Screenshot in der Regel mit bestimmten Tastenkombinationen, die sich je nach Gerät unterscheiden.

Das **Netzwerkdurchsetzungsgesetz** wird umgangssprachlich auch Facebook-Gesetz genannt. Es beinhaltet sogenannte „Compliance-Regeln", die notwendig sind, um soziale Netzwerke zu einer schnelleren und besseren Bearbeitung von User-Beschwerden über Hasskriminalität zu zwingen.

Was hat Hate Speech mit Demokratie zu tun?

Hate Speech sollte gemeldet werden! Nicht nur um betroffene Menschen zu schützen, sondern auch um die Demokratie zu bewahren. Sonst passiert es, dass einige wenige Hater durch ihre vielen Kommentare im Netz den Eindruck erwecken, dass sie die Mehrheit sind.

Hate Speech ist ein Angriff auf unsere Demokratie!

MEINUNGSVIELFALT = DEMOKRATIE

Das wiederum hat eine Auswirkung auf das Leben außerhalb des Netzes. So hat der eine oder andere Scheu, für Minderheiten einzutreten. Auch trauen sich von Hates betroffene Menschen nicht mehr, ihre Meinung zu äußern, weil sie Hate Speech befürchten.

All dies führt dazu, dass die Hater die Meinung bestimmen und die Meinungsvielfalt unterdrücken. Der englischsprachige Fachbegriff für das Schweigen ist „Silencing". Solches Schweigen ist in einer Demokratie verheerend. Denn jeder Mensch soll seine Stimme haben, seine Meinung äußern dürfen und sich auch trauen, diese zu sagen.

In Deutschland leben wir in einer **Demokratie**. Das Wort stammt aus dem Griechischen und bedeutet „Herrschaft des Volkes". Eine Demokratie ist eine Staatsform, in der das Volk regiert. Es überträgt seine Macht auf Zeit gewählten Vertretern. In ihr sind Grund- und Menschenrechte in Verfassungen garantiert. Allerdings kommt es immer darauf an, ob und wie sich alle in einem demokratischen Staat an die Spielregeln halten. Es ist auch in ihnen immer nur so gut um die Menschenrechte bestellt, wie ernst die Bürger diese nehmen und wie gut sie diese umsetzen.

Ist Hetze eine Straftat?

In Deutschland gibt es ein Recht auf Meinungsfreiheit. Jeder darf sagen, was er denkt, solange er dabei nicht gegen das geltende Recht verstößt. Geregelt ist die Meinungsfreiheit in Art. 5 (Absatz 1) des Grundgesetzes der Bundesrepublik Deutschland.

Aber diese Freiheit hat auch Grenzen. Denn einige Leute verwechseln Meinung mit Hetze.

Im Strafgesetzbuch, dem Jugendliche ab 14 Jahre unterliegen, gibt es den Tatbestand der Volksverhetzung § 130 StGB. In diesem Artikel ist sehr viel von dem abgedeckt, was unter Hate Speech verstanden wird. Denn wer sich „in einer Weise, die geeignet ist, den öffentlichen Frieden zu stören", äußert, der verstößt gegen § 130.

Danach ist es verboten, zu Gewalt gegen eine „nationale, rassische, religiöse oder durch ihre ethnische Herkunft bestimmte Gruppe" aufzufordern.

Auch darf nicht zum Hass aufgestachelt oder die Menschenwürde angegriffen werden, nur weil jemand zu einer religiösen, ethnischen oder nationalen Gruppe gehört. Freiheitsstrafen von drei Monaten bis fünf Jahren drohen dabei Personen über 14 Jahre.

Hassrede speist sich aus Behauptungen, nicht aus Fakten. Es gibt sogar Menschen, die den Holocaust leugnen. Der Begriff „Holocaust" leitet sich von dem altgriechischen Begriff „holokaustos" ab, zu Deutsch: „völlig verbrannt". Man bezeichnet damit die Tötung einer großen Zahl von Menschen (einen Völkermord), insbesondere die Ermordung europäischer Juden während der nationalsozialistischen Herrschaft. Das Leugnen des Holocausts kann mit Freiheitsstrafen bis zu fünf Jahren bestraft werden.

So enttarnt man Hate Speech und reagiert richtig

Der richtige Umgang mit Hate Speech ist schwierig. Schließlich sind die Fälle und die Situationen, wie du damit in Kontakt kommst, stets unterschiedlich. Hate Speech kann jederzeit und überall auftauchen, in heftiger wie auch in verdeckter Form.

Mittlerweile werden überall Frauen bevorzugt.

Im Gegenteil, die Frauenquoten haben das Ziel, die Benachteiligung von Frauen in der Arbeitswelt auszugleichen.

Hate Speech

Counter Speech

Homosexualität verwirrt Kinder.

Die lassen sich noch nicht einmal von über 800 verschiedenen Pokémons aus der Ruhe bringen.

Den Holocaust hat es nicht gegeben.

Doch. Es ist eine unbestreitbare und unwiderlegbare Tatsache, dass Juden, Homosexuelle, Roma, Sinti und andere Gruppen im Dritten Reich von den Nationalsozialisten massenhaft ermordet wurden. Wer das leugnet, macht sich strafbar!

ZOCKEN OHNE ENDE

Leo kann sich nicht mehr von der Spielekonsole trennen. Am liebsten würde er Tag und Nacht Minecraft spielen. Er reagiert sofort sauer, wenn seine Mutter auch nur andeutet, dass er zu viel zockt. Ist er süchtig?

Welche Arten von Games gibt es?

Besonders beliebt sind Jump-'n'-Run-Spiele wie Super Mario, in denen man läuft und springt und irgendwas sammelt.

In Open-World-Games steht Minecraft mit über 600 Millionen aktiven Spielern weit an der Spitze der Bewegung. Solche Spiele geben die Freiheit, den Weg selbst zu entscheiden. So kann man bei GTA (Grand Theft Auto) die Karren reihenweise in den Dreck fahren und auch mal eine Golfpause einlegen.

Ein populäres Multiplayer-Spiel

Zu den Tops im Kinderzimmer gehört der Ego-Shooter Fortnite (400 Millionen Spieler). In der Multiplayer-Variante Battle Royale überlebt nur einer. Der populärste Multiplayer online ist Among Us, der es monatlich bis auf eine halbe Milliarde Spieler bringt. In Among Us ist man Besatzungsmitglied oder Verräter, die Verräter müssen die Besatzungsmitglieder eliminieren, die Besatzungsmitglieder können aber auch die Verräter eliminieren und müssen ihre Aufgaben erfüllen.

Daneben finden sich Actionspiele, bei denen man am Stick sein Können beweist, Simulationsspiele (Flugsimulator, FIFA etc.) und Abenteuerspiele.

Warum sind Ego-Shooter so beliebt?

> Das Wort **ego** ist griechisch und heißt „ich".

Sie sind oft brutal und gnadenlos und ziehen uns trotzdem in ihren Bann. Warum? Sind wir alle böse? Nein, sicherlich nicht. Einer der Gründe für ihren Erfolg ist die Ego-Perspektive. Wir erleben die Spielhandlung aus unserem Sichtwinkel. Wir schießen, laufen, sterben.

Der Begriff „Shooter" kommt aus dem Englischen und bedeutet „Schießspiel", daher auch Ballerspiel genannt. Eltern mögen meist keine Ego-Shooter, da keiner will, dass sein Kind moralisch abstumpft und im realen Leben auf andere Leute ballert. Sobald jemand Amok läuft, gibt es daher die Diskussion, ob nicht Ballerspiele daran Schuld haben könnten.

Klar ist, dass man mit Ballerspielen nicht gerade auf eine Ausbildung als Krankenpfleger vorbereitet wird. Neben den Ego-Shootern sind auch Third-Person-Shooter (Dritte-Person-Schießspiele) beliebt. Dabei sieht man die Welt, als würde man sich hinter der Figur befinden.

Third-Person-Shooter erfreuen sich großer Beliebtheit.

Welches Spiel für welches Alter?

Auf Verpackungen von Computerspielen verraten die typischen Rauten, ab wie viel Jahren man das Spiel spielen darf: ab 0, ab 6, ab 12, ab 16, ab 18. Darüber steht USK („Unterhaltungssoftware Selbstkontrolle"). Es ist eine halbstaatliche Kontrolle: Prüfer, die sich sowohl mit den Spielen als auch mit der seelischen Entwicklung von Kindern und Jugendlichen auskennen, beurteilen die Spiele.

Die USK-Altersfreigabe gibt es nur für Spiele, die auf einem Datenträger, wie etwa einem Spielmodul oder einer Disc, angeboten werden.

Die weltweit größte Messe für Computer- und Videospiele, die Gamescom, findet jedes Jahr in Köln statt.

Ist man zu jung, darf man ein solches Spiel nicht kaufen oder in der Öffentlichkeit spielen (Jugendschutzgesetz – JuSchG). Haben die eigenen Eltern das Spiel gekauft, bestimmen sie, ob man zocken darf. Außer das Kindeswohl ist grob gefährdet!

Bei Browsergames muss der Spielehersteller selbst entscheiden, für welches Alter das Spiel geeignet ist. Er kann sich aber Hilfe bei der USK holen. Falls allerdings den Jugendmedienschützern ein Spiel nicht für die Altersgruppe geeignet erscheint, so können sie es aus dem Netz nehmen.

Wie kam Fortnite ins Kinderzimmer?

Grob gesagt, geht das Spiel so: Man wird über einer Insel abgeworfen und muss alle anderen auf der Insel töten. Man sucht nach überlebenswichtigen Waffen und Heilgetränken und sammelt Baumaterial für Verteidigungsanlagen und Brücken.

Fortnite ist ein Ego-Shooter. Aber im Gegensatz zu anderen Ego-Shootern wie Call of Duty, Far Cry oder Battlefield Hardline ist er nicht erst ab 16 oder 18 Jahren, sondern schon ab zwölf Jahren freigegeben.

Warum dieses niedrige Alter für einen Ego-Shooter? Das Prüfgremium der USK begründet es damit, dass die Figuren nicht realistisch sind wie etwa sonst Soldaten in Ego-Shootern und bei Treffern kein Blut spritzt. Uns ist – nach Meinung der USK – von Anfang an klar, dass es sich hier um ein Spiel handelt.

Allerdings ist auch eins klar: Epic Games hat es mit Fortnite bis in die Kinderzimmer der Grundschüler geschafft. Und durch die Hintertür kam noch einer: der YouTuber MontanaBlack. Der sagt von sich selbst, dass er zum richtigen Zeitpunkt am richtigen Ort war und deshalb Millionär geworden ist. Aber er rät davon ab, es direkt auf eine YouTuber-Karriere anzulegen.

Ein Ego-Shooter, der bereits ab zwölf Jahren freigegeben ist

> Die Realität ist nicht Berufs-YouTuber. Die Realität ist Beruf Arzt, Anwalt, Einzelhandelskaufmann.
>
> *MontanaBlack*

Wie wird man beim Zocken abgezockt?

Die Entwickler von Apps wollen Geld verdienen. So ist es auch bei kostenlosen Spielen. Sie verleiten daher zu In-App-Käufen.

Nehmen wir Folgendes an: In einem Spiel erreichst du das nächste Level, wenn du eine gewisse Anzahl Goldmünzen zusammenhast. Irgendwann kommst du aber nicht mehr weiter, weil du auf deinem Pfad nicht mehr genügend Goldmünzen sammeln kannst. Dann wird dir angeboten, Goldmünzen zu kaufen. Bevor du auf „Kaufen" klickst: Rede mit deinen Eltern darüber, wenn so etwas passiert!

Doch Spiele kosten nicht nur Geld, sondern auch Zeit.

Die ist ebenfalls wertvoll. Deshalb sollte man in den Einstellungen die Benachrichtigungen abschalten, damit man nicht ständig dazu aufgefordert wird, weiterzukämpfen oder -zusammeln. Man sollte stets Herrscher über das Spiel sein und selbst bestimmen, wann und wie lange man es spielen möchte!

Übrigens: Solltest du im Spiel dazu aufgefordert werden, dir eine Werbung anzuschauen, um weiterzocken zu können, so pass auf! Denn wenn du dann auf irgendetwas klickst, kann es sich um eine Falle handeln und schnell zu einem teuren Abo führen, obwohl du das gar nicht möchtest.

Viele Apps, die auf den ersten Blick kostenlos sind, können um zusätzliche, kostenpflichtige Funktionen erweitert werden. Das ist z. B. bei vielen Spiele-Apps so. Falls man die zusätzlichen Funktionen erwerben möchte, kauft man sie über sogenannte **In-App-Käufe**. Meist sind die Beträge zwar nicht allzu hoch, aber sie verleiten dazu, schnell viele Zusatzfunktionen zu erwerben und dabei leicht den Überblick über die Kosten zu verlieren.

Was sind Anzeichen einer Sucht?

Egal, ob es ums Zocken oder um sonstigen Medienkonsum geht:
Irgendwann verbringt man womöglich zu viel Zeit vor dem Bildschirm.
Ob du abhängig bist oder nicht, ist schwer zu sagen.

Hier ein paar Anhaltspunkte:

* Deine Gedanken kreisen ständig um Konsole und Handy.
* Du verlierst die Zeit davor.
* Du kannst nachts nicht mehr schlafen, weil du das Licht brauchst.
* Du wirst schlechter in der Schule.
* Manchmal vergisst du das Essen.
* Du bist müde.
* Du nimmst ab oder zu.

Beobachte dich selbst und rede darüber.
Im Anhang findest du auch Hilfsangebote.

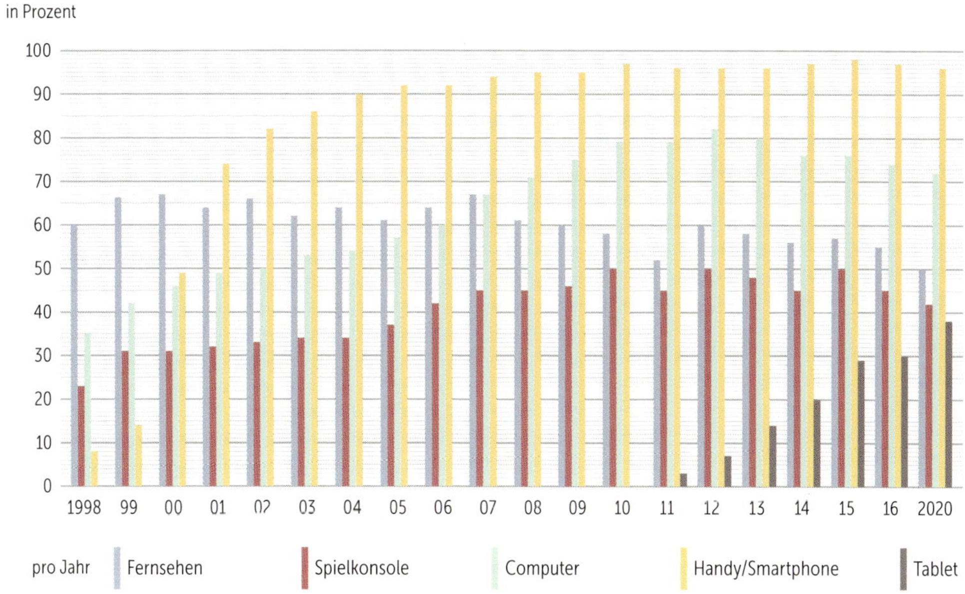

So viele Jugendliche (in Prozent) haben Zugang zu Bildschirmmedien.

Was ist ein Mediennutzungsvertrag?

Hat man ein Problem mit dem Gaming-, PC- oder Handykonsum, dann kann man mit seinen Eltern reden und einen Mediennutzungsvertrag aufsetzen und unterschreiben.

Das klingt kompliziert, ist es aber nicht. Unter *www.mediennutzungsvertrag.de* kann er in Ruhe angesehen werden. Er wurde von Profis der Landesanstalt für Medien NRW aufgestellt. Hier kann man jede Kleinigkeit online erst einmal für sich abchecken.

Was willst du überhaupt ändern:
Die tägliche Zeit an der Konsole?
Willst du über In-App-Käufe reden und sie regeln?
Und was sollen deine Eltern tun?

Nicht nur Kinder hängen gern vor dem Bildschirm – ein Mediennutzungsvertrag spricht auch die Erwachsenen an!

Das Tolle am Mediennutzungsvertrag ist, dass es ein echter Vertrag ist. Nicht nur man selbst ändert sein Verhalten, sondern auch die Eltern. Vielleicht hängen sie auch ständig am Handy? Vielleicht kommen gemeinsame Unternehmungen zu kurz?

Man kann den Vertrag online erstellen, aber auch ausdrucken. Unterschreiben müssen sowohl die Eltern als auch man selbst. Probier es aus, vielleicht hilft es gegen das ständige Streiten über die Zeiten an Konsole, Handy und PC!

Was tun, wenn eine befreundete Person abhängig ist?

Die Freundin kommt nicht mehr vom Handy los: Ist sie gereizt, wenn sie nicht zockt? Will sie Misserfolge im „wahren“ Leben durch Zocken einfach wegspielen? Driftet sie in eine Online-Welt ab? Wenn du dir wirklich Sorgen machst, dann sprich sie darauf an. Schließlich seid ihr befreundet.

Im Internet gibt es die Seite *www.ins-netz-gehen.de* und den empfehlenswerten Test unter *beratung.ins-netz-gehen.de/check-dich-selbst/bin-ich-suechtig*.

Oft ist es schwer, sich selbst oder jemand anderen einzuschätzen. Dort kann man sich selbst testen oder einem Freund oder einer Freundin den Test vorschlagen.

Hat man den Test durchlaufen, dann wird eine Einschätzung gegeben. Das alles läuft anonym ab. Nirgendwo muss ein Name angegeben werden. Für eine intensive Beratung kann man sich dann noch registrieren.

Hinter der Seite steht die Bundeszentrale für gesundheitliche Aufklärung (BZgA), die sehr seriös ist. Du musst also keine Angst haben und kannst die Seite auch anderen empfehlen. Der Test kostet nichts, aber er bewahrt deine Freunde und dich vielleicht vor den schweren Folgen der Gamingsucht.

Gamingsucht oder auch Computerspielsucht ist eine ernst zu nehmende Krankheit. Ihre Behandlung reicht von Einschränkung der Spieldauer und Entzug bis hin zu psychiatrischer oder psychologischer Betreuung, Verhaltenstherapie oder auch medikamentöser Therapie, z. B. mit Antidepressiva.

Faktencheck: Gaming

Weltweit waren im Jahr 2019 knapp ein Drittel aller Menschen aktive Gamer.

China hat ungefähr neunmal so viele Gamer wie Deutschland Einwohner hat.

Was wird zum digitalen Spielen genutzt?

(in Prozent)

Weltweit gibt es nur etwas
mehr männliche als weibliche Gamer.

Auf der Spieleplattform Steam
erscheinen täglich etwa 25 neue Spiele.

Wie lang wird digital gespielt?

(in Prozent)

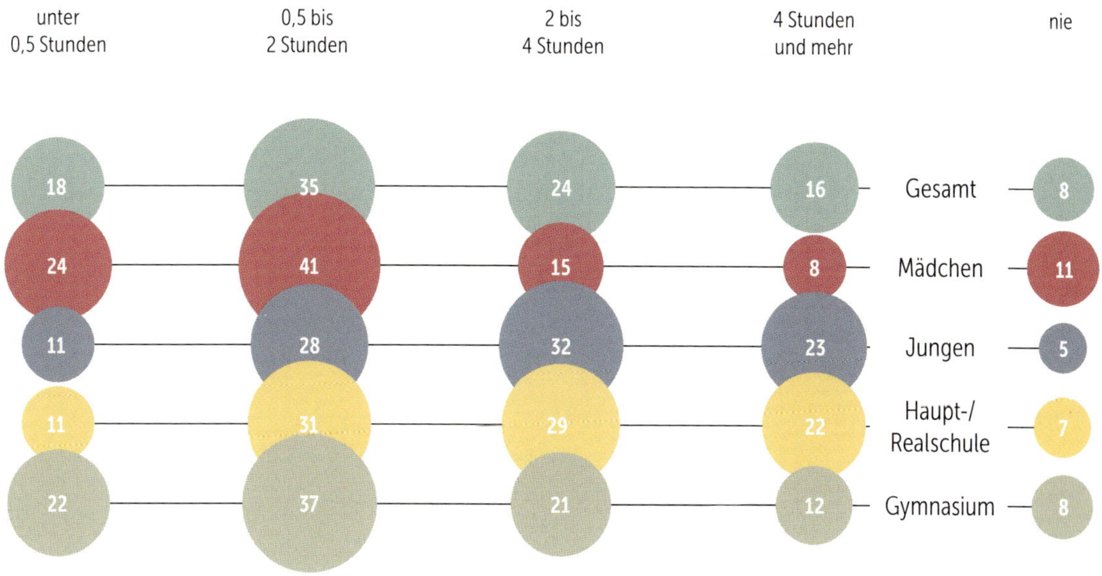

Beratung und Hilfsangebote

... bei (Cyber-)Mobbing, (Medien-)Abhängigkeit, Lebenskrisen, psychischen Problemen, Selbstmordgedanken, sexueller Belästigung, Gewalt und anderen Problemen

Deutschland:

www.nummergegenkummer.de
Kinder- und Jugendtelefon:
Telefon: 116 111
Jugendliche beraten Jugendliche:
Telefon: 116 111 und 0 800 111 0 333
Elterntelefon:
Telefon: 0 800 111 0 550

telefonseelsorge.de
Telefon: 0 800 111 0 111 und 0 800 111 0 222 und 116 123
Mit E-Mail- und Chat-Beratung

www.ins-netz-gehen.de
Mit Online-Beratung und Selbsttest: Medienabhängigkeit

www.juuuport.de
Mit Online-Beratung

www.jugendnotmail.de
Mit Online- und Chat-Beratung

www.youth-life-line.de
Mit Online-Beratung zu Thema Suizid/Selbstmord

www.sexundso.de
Mit Online-Beratung

www.sextra.de
Mit Online-Beratung

www.polizeifürdich.de
Keine Beratung, aber eine Menge Informationen

Österreich:

www.rataufdraht.at
Telefon: 147
Mit Online- und Chat-Beratung

counteract.or.at
Telefon: +43 (0)12 36 55 34
Mit E-Mail-Beratung

Schweiz:

www.147.ch/de
Telefon und SMS: 147
E-Mail: *beratung@147.ch*

www.suchtpraevention-zh.ch
Keine Beratung, aber viele Informationen

Klicktipps: Alles über Medien

www.klicksafe.de
EU-Initiative für mehr Sicherheit im Netz; auf einer Extraseite für Jugendliche gibt es jede Menge Infos und Tipps fürs digitale Leben.

www.saferinternet.at
Tipps zum sicheren Umgang mit dem Internet und digitalen Medien; die Jugendseite bietet u. a. Leitfäden zur Sicherung der Privatsphäre bei WhatsApp, Instagram und Snapchat.

www.mediennutzungsvertrag.de
Hier kann man online ganz einfach einen Mediennutzungsvertrag erstellen.

www.handysektor.de
Tipps für den digitalen Alltag (Smartphones, Tablets, Apps usw.) und Infos zum sicheren Umgang mit dem Internet

www.checked4you.de
Online-Jugendmagazin der Verbraucherzentrale Nordrhein-Westfalen; u. a. Tipps gegen Abzocke

checkdeinpasswort.de
Hier kann man sein Passwort checken lassen und erhält Tipps zur Erstellung von sicheren Passwörtern.

www.blogkiste.com
Tipps und Tricks zum Bloggen für Anfänger und Profis

www.kompass-social.media
Bewertungen und Tipps zu beliebten Apps wie YouTube, Snapchat und Instagram

www.creativecommons.org
Hier findet man Fotos, die unter bestimmten Bedingungen kostenfrei verwendet und verbreitet werden dürfen.

archive.org
Internetarchiv mit Sammlungen von Webseiten, Texten und Büchern, Audiodateien, Videos, Bildern und Software

dergoldenealuhut.de
Den Betreibern geht es um Fakten. Ihr Motto: „Make facts great again." Sie geben dir das Handwerkszeug für den Faktencheck und im Umgang mit Verschwörungsglauben.

euvsdisinfo.eu/de
Website, die russische Fake News und Desinformationen aufdeckt; eine Kampagne, die von der East StratCom Task Force im Europäischen Auswärtigen Dienst durchgeführt wird

faktenfinder.tagesschau.de
Website der ARD, die Fake News enttarnt und diverse Hintergrundinformationen liefert

newstral.com
Website, die Schlagzeilen und Berichte verschiedener Zeitungen bündelt

www.mimikama.at
Verein zur Aufklärung über Internetmissbrauch; Infos zu Fake News, Kettenbriefen, Nutzerrechten u. a.

www.hoaxsearch.com
Suchmaschine, die sich auf das Aufspüren von Fake News spezialisiert hat

hoax-info.tubit.tu-berlin.de
Hoax-Info-Service: Infos über Fake News, Kettenbriefe, falsche Virenwarnungen u. a.

citizenevidence.amnestyusa.org
YouTube-DataViewer von Amnesty International zur Hintergrundrecherche von YouTube-Videos

www.stopline.at
Meldestelle gegen Kinderpornografie und Nationalsozialismus im Internet

no-hate-speech.de
Europaweite Kampagne des Europarates gegen Hass im Netz; mit Tipps zur Gegenargumentation

www.proasyl.de/thema/fakten-zahlen-argumente/fakten-gegen-vorurteile-2
Tipps zur Gegenargumentation gegen Hass und Rassismus u. a.

www.bsi-fuer-buerger.de
Kostenloses Informationsangebot des Bundesamtes für Sicherheit in der Informationstechnik; u. a. gibt es hier aktuelle Virenwarnmeldungen und Sicherheitshinweise zum Umgang mit dem Internet.

www.jugendschutz.net
Kompetenzzentrum von Bund und Ländern für den Schutz von Kindern und Jugendlichen im Internet; es fordert Internetanbieter u. a. dazu auf, den Jugendschutz einzuhalten und Angebote entsprechend zu ändern, zu löschen oder unzugänglich zu machen.

www.internet-beschwerdestelle.de/de/index.html
Spam, rechtswidrige oder problematische Online-Inhalte können der Internetbeschwerdestelle gemeldet werden.

Suchmaschinen: Alternativen zu Google

www.startpage.com
Suchmaschine, die nach eigenen Angaben keine Nutzerdaten speichert; Suchanfragen werden von startpage.de an Google anonymisiert weitergeleitet.

metager.de
Deutsche Metasuchmaschine der Universität Hannover, die nach eigenen Angaben keine Nutzerdaten speichert

www.ecosia.org
Suchmaschine, die 80 % ihres Einnahmeüberschusses für gemeinnützige Naturschutzorganisationen spendet; die Suchergebnisse werden von Bing geliefert.

duckduckgo.com
Suchmaschine, die nach eigenen Angaben keine Nutzerdaten speichert und dadurch u. a. Filterblasen verhindert

www.qwant.com
Sicherlich die stylischste Suchmaschine. Sie kommt aus Frankreich und ist bunt, cool und ziemlich gut.

Messenger: Alternativen zu WhatsApp

Threema
Schweizer Instant-Messenger mit hohem Sicherheitsstandard und Ende-zu-Ende-Verschlüsselung

Signal
Dieser Dienst wird von Sicherheitsexperten aufgrund der hohen Datensicherheit empfohlen; mit Ende-zu-Ende-Verschlüsselung.

Telegram
Benutzerfreundlich, du kannst riesige Gruppen erstellen und Dateien von bis zu 2 GByte teilen. Bots werden angeboten und können auch selbst erstellt werden. Minus: Verschwörer sind unterwegs.

Hilfreiche Apps und Programme

Cyber-Mobbing Erste-Hilfe App
Kostenlose App der EU-Initiative klicksafe mit hilfreichen Tipps für Betroffene von Cybermobbing

Cyberhelp
Kostenlose App der Stiftung Medien- und Onlinesucht, mit Beratungsangeboten für Suchtgefährdete

SPACE
App zum Handyfasten

AppDetox
App zum Handyfasten

OFFTIME
App zum Handyfasten

Ghostery
Add-on, das das Tracking verhindert

Stichwortverzeichnis

Bildnachweis

Alle Fotos von shutterstock.com:

1884546328 © Daniel.Petras14, 404005699 © POM POM, 1336485491 © Luis Molinero, 796071583 © Zhalabkovich Yauheniya, 1698862672 © Billion Photos, 1017025384 © jakkaje-879, 1361068373 © fizkes, 682866529 © NiP STUDIO, 1897642693 © Juan Garcia Hinojosa, 1412359109 © christianthiel.net, 1260841675 © ADragan, 1796596942 © M.Moira, 386557372 © chrisdorney, 329730752 © Joseph Sohm, 197441978 © Suzanne Tucker, 274171640 © apple2499, 1216990981 © robert_s, 1209011332 © Zdravinjo, 1554852134 © Ascannio, 1225498981 © Nicole Lienemann, 1111357292 © Sharaf Maksumov, 707501539 © Alexander Tolstykh, 1252038766 © Proxima Studio, 731981608 © Noi1990, 479302753 © Zoran Temelkov, 1641869437 © BAZA Production, 1891560397 © alphaspirit.it, 192680972 © 360b, 1255851382 © HAKINMHAN, 1653493978 © CarryLove, 371803501 © BallBall14, 1416623072 © calimedia, 1489938206 © helloabc, 1397603378 © Jirapong Manustrong, 1477094909 © Burdun Iliya, 279918116 © tanuha2001, 1112421548 © Rawpixel.com, 1088478797 © Rido, 1037714389 © RossHelen, 642259996 © AlesiaKan, 1036064461 © Mano Kors, 1901930812 © photocosmos1, 1771462121 © Chubo - my masterpiece, 593204357 © solomon7, 1098814631 © Frederic Legrand - COMEO, 1166183266 © cristiano barni, 712874581 © Hadrian, 1771264739 © Gyorgy Barna, 1825197980 © Egrigorovich, 1706406523 © ymphotos, 1718907421 © Ink Drop, 735971812 © Monkey Business Images, 1901646031 © Luiza Kamalova, 1782211421 © Mercurious, 726230575 © Tommy Lee Walker, 344550671 © McLittle Stock, 144911764 © sirtravelalot, 719491504 © DELBO ANDREA, 1166912248 © Sutipond Somnam, 1673055475 © one photo, 635366882 © Lamai Prasitsuwan, 216261985 © file404, 1503499058 © Lopolo, 1380135158 © Zyn Chakrapong, 492402811 © Sebastian Duda, 1270777789 © TheVisualsYouNeed, 25159549 © Anthony Correia, 190543418 © Jakkrit Orrasri, 1840085632 © Julio Ricco, 1343317712 © Luca Lorenzelli, 703700734 © rkl_foto, 59699458 © Barone Firenze, 1287842266 © Pryimak Anastasiia, 479301136 © Twin Design, 1774604573 © Freer, 1498591895 © Bloomicon, 1079375540 © Olena Yakobchuk, 1935523750 © Camilo Concha, 1923214790 © Kamil Zajaczkowski, 1464800816 © A. Mertens, 1892737519 © Michele Ursi, 1390049366 © CHAjAMP, 304647095 © Nejron Photo, 73666696 © OtmarW, 1259446138 © Andrii Yalanskyi, 1106398787 © TheVisualsYouNeed

Sollten trotz intensiver Nachforschungen des Verlags Rechtsinhaber nicht ermittelt worden sein, so bitten wir diese, sich mit dem Verlag in Verbindung zu setzen.

Das will ich lesen!

ISBN 978-3-7432-0972-5

Dieses Buch wirft einen Blick hinter die Kulissen der Modeindustrie und zeigt Kindern, wie wichtig ein nachhaltiger Umgang mit Kleidung ist. Das Lieblings-T-Shirt passt nicht mehr? Vielleicht freut sich ja eine Freundin darüber! Die Jeans hat ein Loch? Kein Problem, das kann man doch flicken – und das Ergebnis sieht auch noch richtig cool aus!

Viele kreative Tipps und Tricks helfen Kindern dabei, bewusster mit ihrer Kleidung umzugehen. So behalten sie den Spaß an toller Mode und erfahren gleichzeitig, wie sie einen Beitrag dazu leisten können, die (Mode-) Welt zum Positiven zu verändern!

Loewe
Das will ich lesen!

ISBN 978-3-7432-1342-5